AF453255

CATALOGUE

DESCRIPTIF

DE TOUS LES

TIMBRES-POSTE

CRÉÉS DE 1840 A 1870

AVEC

LEURS DATES D'EMISSION

leurs valeurs, leurs couleurs et variétés

AINSI QUE LES PRIX AUXQUELS ON PEUT SE LES PROCURER

CHEZ **MAURY**

80, RUE SAINT-LAZARE, 80

ANCIEN 92

PARIS

1840. — GRANDE-BRETAGNE

Enveloppe postale, gravée par Mulready

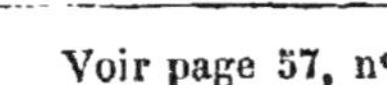

Voir page 57, n° 33.

INTRODUCTION

Les collections sont plus que jamais à la mode ; tout ce qui offre un intérêt artistique ou archéologique, toutes les curiosités sont recherchées avec ardeur : la foule encombre les ventes publiques, les enchères atteignent des prix fabuleux ; cette passion de collections gagne un peu tout le monde, c'est qu'on y trouve, dès qu'on y a goûté, un attrait puissant, irrésistible, des émotions intimes, ignorées du vulgaire et qui sèment la vie de joies tranquilles, tout en consolant de bien des mécomptes et des illusions ; c'est une distraction qui repose des affaires, c'est une occupation pour les gens de loisirs.

Or, s'il est une collection attrayante entre toutes, et à la portée de tout le monde, facile à commencer et même à compléter, c'est bien celle des timbres-poste, qui est aussi la moins embarrassante, puisqu'elle n'exige pour tout matériel qu'un Album. — On a ri de cette idée comme de tout ce qui est nouveau, et que l'on ne veut pas prendre la peine d'approfondir, mais nous avons vu maintes fois les rieurs de la veille devenir d'ardents prosélytes.

La collection des timbres-poste n'a plus besoin d'être défendue , de toutes, elle est certainement aujourd'hui la plus propagée : nous expédions des timbres, nous faisons des échanges dans toutes les parties du monde, jusque dans l'extrême Australie. — Dès qu'un étranger emporte en son pays une collection de timbres-poste, nous sommes certain qu'avant peu, toutes les personnes auxquelles il l'aura montrée nous demanderont un Album semblable et nous proposeront des échanges. C'est pendant plusieurs mois une fièvre qui se calme peu à peu, en laissant derrière elle quelques véritables amateurs, qui nous écrivent toujours et deviennent presque nos amis.

Nous le répétons, cette collection mérite son succès qui dure déjà depuis dix ans ; et qu'importe au collectionneur la nature et le prix d'un objet, sa vraie valeur est toute dans le désir qu'il a de le posséder, et nous osons le dire, ses émotions sont les mêmes, qu'il poursuive des tableaux anciens ou de modestes timbres-poste : ce qu'il lui faut, c'est chercher, puis trouver, pour rechercher encore, — et, à ce compte, les timbres lui réservent une grande somme de plaisir, car ils sont nombreux et d'un prix généralement peu élevé, malgré la grande rareté de beaucoup d'entre eux.

Et d'ailleurs ne trouvons-nous pas réunis dans nos timbres-poste les éléments de tout ce qui fait les collections sérieuses ? ceux de France, d'Angleterre, d'Amérique, de Sicile, par exemple, ne sont-ils pas de mignons chefs-d'œuvre, signés des premiers artistes de ces pays, et où l'imprimeur a déployé tout son savoir pour inventer ces nuances qui charment les yeux et défient la contrefaçon ; par contre n'y a-t-il pas un intérêt de haute curiosité à examiner les spécimens primitifs fournis par la Moldavie, la Servie, le Cachemire, la Nouvelle-Calédonie, Shanghaï, Buénos-Ayres, etc. ?

Les timbres n'offrent-ils pas une série intéressante de portraits de souverains, de blasons, d'attributs, qui racontent l'histoire contemporaine ? — Que de gens ont rappris la géographie en classant leurs timbres , combien se félicitent de connaître à fond les monnaies étrangères qui autrement ne leur fussent jamais restées dans la tête !

Pour ces raisons, un père de famille ne saurait trop encourager ce goût chez ses enfants, c'est au besoin une heureuse voie de dérivation à d'autres penchants; et puis régulièrement les papas continuent pour leur propre compte, tout en s'en défendant bien d'abord, la collection commencée pour leurs enfants, jusqu'au jour où, rencontrant quelques grands amateurs et émerveillés du contenu de leurs albums, ils s'avoueront franchement collectionneurs de timbres-poste !

Nous l'avons dit, cette collection est à la portée de toutes les bourses : en effet, on peut compléter, avec le temps et sans grands frais, un album de timbres-poste si l'on prend indistinctement des timbres neufs ou ayant servi, mais les délicats, les raffinés, ne veulent autant que possible que des exemplaires immaculés et bien conservés, des enveloppes postales entières, avec tout leur relief, et ici la difficulté devient souvent extrême pour les émissions disparues depuis longtemps. Ils recherchent aussi les variétés de nuances, de papiers, de filigranes, de dentelures ; ajoutant à cela les essais, les épreuves de graveurs très-rares pour la plupart, toutes choses pourtant que l'on finit bien par trouver avec de la patience et de l'argent, on voit qu'une belle collection peut avoir sa valeur, et **de fait** plusieurs se sont déjà vendues jusqu'à vingt-cinq mille francs. — **La** collection de M. Ph., la reine des collections de ce genre, qui a accaparé les plus belles pour se compléter, a bien coûté à son propriétaire, sans exagération, plus d'une centaine de mille francs !

Enfin, notre petite science, que, depuis huit ans, nous propageons et nous vulgarisons autant qu'il est en nous, la *philatelie*, vient de **recevoir** la consécration officielle, par l'établissement que nous sollicitions depuis longtemps, d'une collection publique de timbres-poste, annexée au riche Musée de l'Hôtel des Monnaies de Paris.

Nous employons dans le présent ouvrage des termes et des abréviations dont nous devons donner la signification aux collectionneurs commençants :

Papiers. — Nous ne mentionnons que les sortes de papiers offrant des différences tranchées : le *papier vergé* se reconnaît aux traces parallèles qu'y laisse la *forme* métallique sur laquelle il a été coulé ; le papier *bleuté* est légèrement azuré par les soins du fabricant ; au contraire, le **papier** *bleui* est celui qui s'est teinté par suite d'une réaction chimique, lente, entre la couleur du timbre et la gomme.

Nous dirons : *couleur sur blanc* ou *noir sur couleur* pour : imprimé en couleur sur papier blanc ou en noir sur papier de couleur ; le manque d'indication signifie : *couleur sur blanc*.

Filigranes. — On appelle *filigranes* les lettres et dessins que l'on voit en transparence dans les billets de banque, les papiers timbrés et nombre de timbres-poste étrangers.

Le filigrane s'obtient au moyen d'une fabrication particulière du papier ; son emploi a pour but d'entraver la contrefaçon.

Sur les feuilles de timbres-poste, le filigrane se compose généralement

 d'un petit dessin identique répété autant de fois qu'il le faut pour que chaque timbre en soit pourvu.

Dans le catalogue, nous donnons le dessin des divers filigranes : plusieurs colonies anglaises en ont de spéciaux, mais les deux ci-contre 

servent ou ont servi pour presque toutes :

 Il n'est pas étonnant de rencontrer certains filigranes ayant été employés par erreur pour des timbres auxquels ils n'étaient pas destinés, ceci surtout lorsqu'il s'agit de chiffres.

Dans quelques cas, un seul grand filigrane occupe toute la feuille et les timbres n'en présentent plus chacun que des fragments : tels sont ceux de Toscane et les 1/2 anna bleus anciens des

Indes qui offrent : les premiers, la couronne ci-dessus ; les seconds,

ces armoiries :

On rencontre encore en filigrane des lettres et des fragments de dessins qui ne sont que des marques des fabricants et, par conséquent, n'ont aucun intérêt.

Fils. — Quelques timbres ont dans leur épaisseur des fils de soie de couleur : c'est le papier de sûreté Dickinson ; nous écrivons par abréviation : *Dick.*

Dentelés. — Nous indiquons toutes les variétés de dentelures des timbres, adoptant les désignations proposées par le Dr Magnus :

Percés (*per.*), se dit des timbres séparés entre eux par de petites lignes interrompues, coupant le papier sans en enlever de parcelles (ce qu'on appelait précédemment *dentelé à la roulette*). Ces lignes sont droites (*per. li.*) et quelquefois enduites de couleur (*per. li. co.*), ou percées en scie (*per. sc.*), ou en *serpentin* comme les timbres de Finlande, ou en *arc*, ou en petites lignes *parallèles verticales* (*per. pa. ve.*), ou *obliques* per. pa. ob.)

Piqués (*piq.*), signifie que des timbres sont séparés entre eux par des lignes de trous ronds enlevés au papier ; les grands collectionneurs recherchent les différences de piqûres, qui très-souvent correspondent à des changements de nuances, de filigranes, etc. Pour mesurer l'écartement de ces piqûres, ils comptent le nombre de trous sur une ligne fixe de deux centimètres : ainsi les timbres des Indes et d'Espagne sont *piq.* 14, c'est-à-dire qu'ils ont 14 trous par deux centimètres. Nous donnons ici l'*odontomètre* du Dr Magnus à l'aide duquel on peut mesurer les piqûres en cherchant avec quelle rangée de points elles concordent.

deux centimètres

••••••	7
•••••••	9
•••••••	9 1/2
••••••••	10
••••••••	11
••••••••	11 1/2
••••••••	12
•••••••••	12 1/2
•••••••••	13
•••••••••	13 1/2
•••••••••	14
••••••••••	14 1/2
••••••••••	15
••••••••••	15 1/2
•••••••••••	16

ENVELOPPES. — A de rares exceptions près, les enveloppes postales sont frappées d'un timbre qui est le signe d'affranchissement ; ce timbre est au coin droit, au coin gauche, ou derrière l'enveloppe sur la patte. Presque toutes les enveloppes allemandes ont dans l'un des angles deux petites inscriptions parallèles, imprimées en noir ou en couleur. On en trouve plusieurs avec des fils de soie Dickinson. Quelques-unes ont des filigranes ; celui des Russes est magnifique: les armoiries nationales en occupent toute la surface ; les enveloppes des États-Unis n'ont que des lettres répétées comme sur la figure ci-contre.

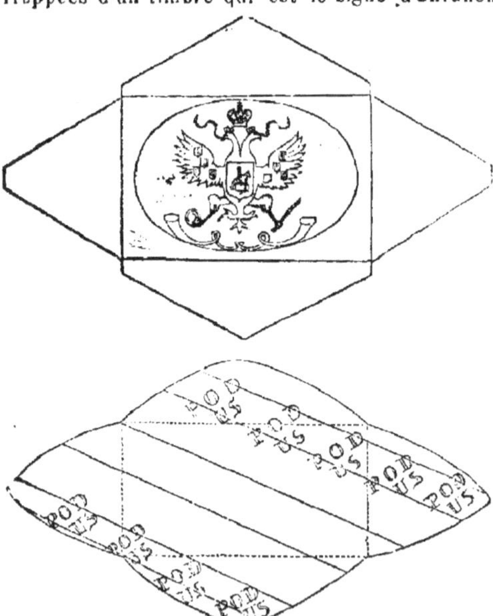

L'enveloppe suisse a une colombe messagère; celle du Danemark n'a qu'une couronne à
la patte.

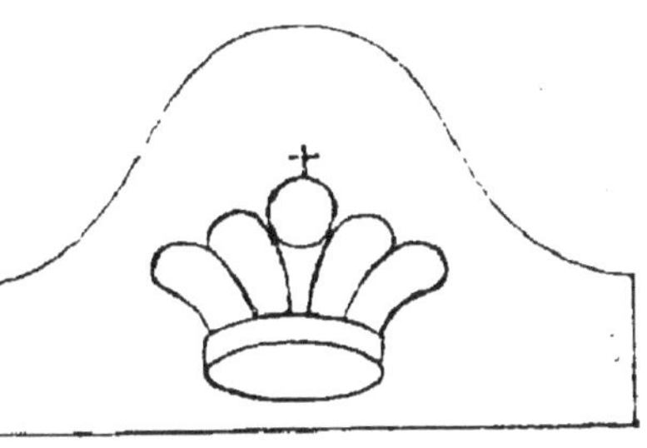

Depuis peu,
et d'après les
recherches du
docteur Ma-
gnus, les ama-
teurs en quête de variétés, collectionnent les différents
formats d'enveloppes, entières bien entendu, et distin-
guent les dessins en relief qui se trouvent dans beaucoup de cas à la patte des enveloppes et correspondent
presque toujours — comme les dentelures pour les timbres — à un changement d'émission, ils peuvent servir

aussi à distinguer les réimpressions. Les dessins ci-joints reproduisent
le fleuron en relief des enveloppes de l'Allemagne du Nord (Confédération), et celui de plusieurs enveloppes prussiennes.

Il existe encore des bandes pour journaux : celle de la Nouvelle-Galles
du Sud a, à l'une des extré-
mités, un large filigrane d on
voici une réduction :

Oblitération. — L'oblitération est la marque par laquelle les postes
annulent les timbres; quelques amateurs collectionnent ces différentes
marques. Les timbres neufs ont toujours plus de valeur que les oblitérés.

Réimpression. — On nomme ainsi les tirages officiels des timbres anciens
refaits nouvellement avec les gravures authentiques. Le papier et la couleur des réimpressions diffèrent toujours un peu de ceux des tirages
primitifs.

Essais. — Les essais sont : ou des épreuves en couleurs diverses de
types adoptés, ou des dessins différents proposés pour remplacer les
timbres en cours. Nous n'indiquons que les essais que l'on peut se procurer, négligeant les rares qui ne sont connus que dans quelques riches
collections.

A. MAURY.

4ᵉ ÉDITION

Nous tirons à **Dix mille** exemplaires. Notre précédente édition a été
épuisée en une année et demie.

Succès oblige ; nous avons augmenté de plus de 200 le nombre déjà
considérable de nos gravures, ne reculant pas devant cette grosse dé-
pense, certain que nous sommes d'avance de l'empressement du public
collectionneur, tous les jours plus nombreux.   A. M.

Pour ménager l'espace, tout en maintenant les gravures dans le texte,
nous mettons souvent deux types sur une même ligne, dans ce cas, le pre-
mier se rapporte à la description qui précède, le second, à celle qui suit.

AVIS

Nous indiquons les prix de *tous* les timbres, mais on comprendra facilement que nous ne possédions pas la totalité. — Cela dit surtout pour les rares. Aussi, prions-nous les personnes qui nous adresseront des commandes, de toujours indiquer, à part, un certain nombre de timbres supplémentaires, pour servir à remplacer ceux qui viendraient à nous manquer.

Les prix variant, on devra consulter le journal *le Collectionneur de Timbres-Poste* qui, chaque mois, indique LA HAUSSE ET LA BAISSE, ainsi que les prix des timbres nouvellement émis.

Nos timbres sont TOUS GARANTIS AUTHENTIQUES, sauf ceux des Offices particuliers d'Amérique, qui sont ou des réimpressions avec les planches primitives, quand on a pu se les procurer, ou bien des copies; les réels valent de 2 fr. à 10 fr.

Toutes les demandes doivent être accompagnées de leur payement en papier-monnaie, coupons échus, timbres-poste neufs, mais de préférence en mandats de poste qui laissent un reçu entre les mains de l'envoyeur.

Les frais d'envoi seront à la charge de l'acheteur si la demande est au-dessous de 5 FR. POUR LA FRANCE et de 10 FR. POUR L'ÉTRANGER.

Les lettres non affranchies seront rigoureusement refusées.

Les demandes de renseignements, propositions d'échanges, doivent être accompagnées d'un timbre pour l'affranchissement de la réponse.

———

Nous prions ceux de nos clients qui ont de grandes collections de nous retourner un de nos catalogues après y avoir effacé d'un trait de crayon tous les timbres qu'ils possèdent, nous pourrons alors, à coup sûr, leur proposer ce qui leur manque, et de notre côté, nous noterons sur ce même catalogue, ce qu'ils conserveront de nos envois, ainsi nous nous tiendrons à peu près au courant de leur collection.

CATALOGUE DESCRIPTIF

DES

TIMBRES-POSTE

CRÉÉS DE 1840 A 1870

AVEC LEURS PRIX DE VENTE, NEUFS OU OBLITÉRÉS,

POUR LES COLLECTIONS

AÇORES (Afrique).

1868. *Timbres Portugais de 1866, dentelés ou non, avec le mot* Açores *imprimé en noir.*

Neufs. Oblitérés.

1. 5 reis noir .... 3ᶠ » » »
2. 5 » noir, Açores en rouge. » 25 » »
3. 10 » jaune...... » 25 » »
4. 20 » bistre...... » 35 » »
5. 25 » rose....... » 40 » »
6. 50 » vert....... 1ᶠ » » »
7. 80 » orange..... 1ᶠ » » »
8. 100 » violet...... 1ᶠ25 » »
9. 120 » bleu .... 1ᶠ50 » »

ALLEMAGNE.

ÉTATS DU NORD. — OFFICE TOUR ET TAXIS.

1852. *Chiffre, noir sur couleur.*

Neufs. Oblitér.

1. 1/4 silb. jaune brun. » » » 50
2. 1/3 » chair...... » » » 50
3. 1/2 » vert d'eau.. » » » 25
4. 1/2 » » foncé. » » » 50
5. 1 » bleu clair.. » » » 50
6. 1 » bleu ciel... » » » 50
7. 1 » bleu foncé. » » » 50
8. 2 » rose....... » » » 10
9. 3 » jaune ..... » » » 15

1859. *Même type, couleur sur blanc.*

10. 1/4 silb. rouille.... » » » 25
11. 1/2 » vert...... » » » 50
12. 1 » bleu...... » 50 » 25
13. 2 » rose...... » » » 25
14. 3 » brun rouge » » » 25
15. 5 » lilas...... 1ᶠ50 » 50
16. 10 » vermillon. 2ᶠ50 1ᶠ »

1862-65. *Même type, couleur sur blanc.*

				Neufs.		Oblitér.
17.	1/4	silb.	noir......	» 15	»	»
18.	1/3	»	vert......	» 25	»	»
19.	1/2	»	orangé....	» »	»	25
20.	1/2	»	orang. pâle	» 25	»	10
21.	1	»	rose......	» 35	»	10
22.	2	»	bleu......	» 75	»	25
23.	3	»	bistre.....	» 1ᶠ	»	15
24.	3	»	bistre pâle	» 1ᶠ	»	15

Mêmes timbres, percés li.

25.	1/4	silb.	noir......	» 10	»	»
26.	1/3	»	vert......	» 15	»	»
27.	1/2	»	orangé....	» 25	»	10
28.	1	»	rose......	» 35	»	10
29.	2	»	bleu......	» 75	»	25
30.	3	»	bistre.....	1ᶠ »	»	10
31.	5	»	lilas......	3ᶠ »	»	»
32.	10	»	vermillon .	4ᶠ »	»	»

ENVELOPPES.

1861. *Chiffre, relief et couleur.*
Petites inscriptions lilas.

33.	1/2	silb.	orangé...	3ᶠ »	»	»
34.	1	»	rose.....	3ᶠ »	»	»
35.	2	»	bleu foncé	3ᶠ »	»	»
36.	3	»	bistre....	3ᶠ »	»	»

1862. *Les mêmes, inscriptions couleur du timbre.*

37.	1/4	silb.	noir......	» 25	»	»
38.	1/2	»	orangé...	» 50	»	»
39.	1/2	»	orang.pâle	» 25	»	»
40.	1	»	rose	» 35	»	»
41.	2	»	bleu foncé	» »	1ᶠ	»
42.	2	»	bleu.....	» 75	»	»
43.	3	»	bistre....	1ᶠ »	»	»

Jusqu'en 1866 ces enveloppes portaient un fleuron en relief à la patte, le 1/4 excepté; depuis 1866 on y imprima un cor de poste entouré de rayons.

ÉTATS DU SUD. — OFFICE TOUR ET
TAXIS.

1852. *Chiffre, noir sur couleur.*

				Neufs.		Oblitér.
1.	1	kr. vert d'eau ...	» »	»	25
2.	1	» v. d'eau clair.	» »	»	25
3.	3	» bleu clair....	» »	»	25
4.	3	» bleu foncé...	» »	»	25
5.	6	» rose.........	» »	»	15
6.	9	» jaune........	» »	»	10

1859. *Même type, couleur sur blanc.*

7.	1	kr. vert clair....	» 15	»	10
8.	3	» bleu.........	» »	»	25
9.	6	» rose.........	» »	»	15
10.	9	» jaune........	» »	»	25
11.	15	» lilas.........	1ᶠ50	»	25
12.	30	» vermillon....	2ᶠ50	»	50

1862. *Mêmes timbres.*

13.	3	kr. rose.........	» 25	»	05
14.	6	» bleu.........	» 50	»	05
15.	9	» bistre........	» 75	»	05
16.	9	» bistre clair...	» 75	»	05

1865. *Mêmes timbres percés en li. et per. li. co.*

17.	1	kr. vert clair....	» 10	»	10
18.	3	» rose.........	» 25	»	10
19.	6	» bleu.........	» 50	»	10
20.	9	» bistre........	» 75	»	10
21.	15	» lilas.........	3ᶠ »	»	»
22.	30	» vermillon....	4ᶠ »	»	»

ENVELOPPES.

1861. *Chiffre, relief et couleur, petites inscriptions lilas.*

23.	2	kr. jaune........	3ᶠ »	»	»
24.	3	» rose.........	3ᶠ »	»	»
25.	6	» bleu foncé....	3ᶠ »	»	»
26.	9	» bistre........	3ᶠ »	»	»

1862. *Les mêmes, petites inscriptions de même couleur que le timbre.*

		Neufs.	Oblitér.
27.	1 kr. vert	» 15	» »
27 b 1	» vert foncé ...	» 25	» »
28. 2	» jaune	» 25	» »
29. 3	» rose	» 25	» 15
30. 6	» bleu foncé...	» »	» 50
31. 6	» bleu clair....	» 50	» 25
32. 9	» bistre	» 75	» 25

Jusqu'en 1866, fleuron à la patte, excepté 1 k.; depuis 1866, cor et rayons.

Depuis le 1er juillet 1867 les timbres de l'office Tour et Taxis sont remplacés par ceux de Prusse.

ALLEMAGNE DU NORD (Confédération).

1868. *Chiffre et ornements, couleur s. blanc perc. 11.*

			Neufs.	Oblitér.
1.	1/4 gros.	violet....	» 10	» »
2.	1/3 »	vert	» 15	» »
3.	1/2 »	orange.....	» 20	» 05
4.	1 »	rose	» 25	» 05
5.	2 »	bleu	» 50	» 05
6.	5 »	bistre	1f25	» 15
7.	1 kr.	vert	» 10	» »
8.	2 »	orange.....	» 20	» 05
9.	3 »	rose	» 25	» 05
10.	7 »	bleu	» 50	» 10
11.	18 »	bistre	1f25	» 25

1868. *Mêmes timbres non dentelés.*

1869. *Mêmes timbres piq. 14.*

1869. *Timbres oblongs pour lettres chargées, piq. 14.*

		Neufs.	Oblitér.
12.	10 gros gris	2f50	» 25
13.	30 » bleu	» »	1f50

ENVELOPPES, *type 1864.*

14.	1 gros. rose	» 25	» »
15.	3 kr. rose	» 25	» »

1868. *Bandes pour journaux mêmes types.*

16.	1/3 gros vert	» 15	» »
17.	1 kr. vert	» 15	» »

Enveloppes de Prusse, Saxe, Brunswick, Oldenbourg, Mecklembourg, sur l'estampille desquelles est collé un timbre des Etats du Nord, surchargé de l'inscription soixante fois répétée : Nordeutscher post-bezirk (décret de juillet et novembre 1868).

18.	1 gros rose	» 25	» »
19.	2 » bleu	» 50	» »
20.	3 kr. rose	» 25	» »

21. *Enveloppe simple avec un timbre de 1 gros rose, collé à l'angle droit, fleuron à la patte...* » 50 » »

1869. *Timbres de télégraphe coul. s. blanc piq. 14 1/2.*

22. 1 1/4 gros, bleu..... » 35 » »

Neufs. Oblitér.

23. 2 1/2 gros. bleu .... » 60 » »
24. 4 » » ..... 1f » » »
25. 5 » » ..... 1f25 » »
26. 8 » » ..... 2f » » »
27. 10 » » ..... 2f25 » »
28. 30 » » ..... 5f » » »

ANGOLA (Afrique).

1869. Couronne, couleur sur blanc.

1. 5 reis noir...... » 25 » »
2. 10 » jaune..... » 25 » »
3. 20 » bistre .... » 35 » »
4. 25 » rose...... » 40 » »
5. 50 » vert...... 1f » » »
6. 80 » orange ... 1f » » »
7. 100 » violet..... 1f25 » »
8. 120 » bleu..... 1f50 » »

ANTIOQUIA (Nouvelle-Grenade).

1868. Armoiries coul. s. blanc.

1. 2 1/2 cent. bleu... 1f » » »
2. 5 » vert... 1f » » »
3. 10 r » lilas... 2f » » »
4. 20 » brun.. 3f » » »
5. 1 peso rose.. 10f » » »

ANTIGUA (Amérique).

*1862. Reine, couleur sur blanc ;
étoile en filigrane; piqués 14, 15,
15 1/2.*

1. 1 pen. carmin violet » » » 50
2. 1 » carmin rosé. » 25 » »
3. 1 » rouge...... » 35 » »
4. 6 » vert....... 1f50 » 50

ARGENTINE (Confédération).

1858. Armoiries, couleur sur blanc.

1. 5 cent. rouge (gr. 5) » » 5f »
2. 5 » rouge (p. 5) » 75 » 50
3. 5 » rouge (5: avec
   2 points).. 1f50 » »
4. 10 » vert........ 1f50 » »
5. 15 » bleu........ 2f50 » »

*1866. Réimpression des 5, 10 et 15 c.
avec grands chiffres, les trois : 10 fr.*

---

*1862. RÉPUBLIQUE ; armes, couleur
sur blanc.*

Neufs. Oblitér.

6. 5 cent. rouge....... » » » 50
7. 5 » rose........ » 75 » 25
8. 10 » vert........ 1f » » 50
9. 15 » bleu........ 2f » 1f »

*1864. Effigie (Rivadavia), couleur
sur blanc, filig. R. A.*

10. 5 cent. carmin .... » » 2f »
11. 10 » vert....... » » 2f »

12. 15 » bleu........ » » 2f »

1864. Les mêmes, piq. 12.

13. 5 cent. carmin foncé. » » » 50
14. 5 » rouge....... » » » 50
14. 5 » rose........ » 75 » 25
15. 10 » vert........ 1f » » 50
16. 15 » bleu........ 1f50 1f »

*1867. Les mêmes sur papier uni,
piq. ou non.*

1867. *Effigies, couleur s. blanc, piq. 13.*

Neufs. Oblitér.

17. 5 c. rouge (Rivada-
       via) ...... » 75 » 25
. 10 » vert (Belgrano) 1ᶠ » » 50

19. 15 c. bleu (J. S. Mar-
        tin)........ 1ᶠ30 « 75

AUSTRALIE OCCIDENTALE.

1854. *Cygne en couleur, formes diverses. Cygne en filigrane.*

1. 2 pence gris sur rou-
      geâtre.... » » 5ᶠ »
2. 4 » bleu....... » » 1ᶠ »
3. 4 » bleu pâle.. 1ᶠ50 » 75
4. 4 » id. grandes
      lettres.... » » 3ᶠ »
4 b 4 » bleu *per. li.* » » 2ᶠ »
5. 6 » doré...... » » 5ᶠ »
6. 6 » gris ...... » » 5ᶠ »

7. 1 sh. rouille ovale » » 2 »

Neufs. Oblitér.

8. 1 sh. rouille pâle 4ᶠ » 2ᶠ »
8 b 1 » id. *per. li.* » » 6ᶠ »

1860. *Rectangulaires, cygne.*

9. 1 penny noir....... » » 1ᶠ »
10. 1 » noir (*per. li.*) » » 3ᶠ »
11. 2 pence orangé..... » » 1ᶠ »
12. 2 » id. (*per. li.*) » » 3ᶠ »
13. 2 » id. (papier
      pelure) ... 2ᶠ50 » »
14. 4 » rose vif.... » » 6ᶠ »
15. 4 » bleu foncé
      (p. pelure) 2ᶠ » » »
16. 6 » vert........ » » 4ᶠ »
17. 6 » vert jaune.. » » 3ᶠ »
18. 6 » vert jaune
      (*per. li.*).. » » 6ᶠ »

1862. *Même type, piq. 14, 15. Cygne en filigrane.*

19. 1 penny carmin.... » » » 50
20. 1 » carmin pâle » 50 » 25
21. 2 pence bleu....... » 50 » 25
22. 4 » vermillon.. 2ᶠ » 1ᶠ »
23. 6 » violet...... » » 1ᶠ »
24. 1 sh. vert....... » » 1ᶠ50

1864. *Mêmes timbres, sans filigrane.*

25. 1 penny carmin .... » 35 » »
26. 1 » carm. rouge » » » 25
27. 2 » bleu....... » 50 » »
28. 6 » violet...... » » » 75
29. 6 » viol. brun. » » » 75

1865. *Mêmes timbres CC. et couronne en filigrane piq. 12 1/2.*

30. 1 penny jaune sale.. » 25 » 15
31. 2 pence jaune vif... » 50 » 25
32. 4 » rose........ 1ᶠ » » 35
33. 6 » lilas....... 1ᶠ50 » 50
34. 1 shil. vert clair.. 2ᶠ50 » 50

On trouve souvent tous ces timbres
avec un trou rond au milieu, ce sont
les timbres pour les franchises.

AUSTRALIE DU SUD.

1855. Effigie de la reine, coul. sur blanc. Etoile en filigrane.

			Neufs.	Oblitér.
1.	1 penny vert.......	»	»	1f 50
2.	2 pence rouge	»	»	1f 50
3.	2 » rouge pâle..	»	»	1f »
4.	2 » rouge brun.	»	»	1f 50
5.	6 » bleu.......	»	»	1f »
6.	6 » violet......	»	»	1f 50
7.	9 » gris	»	»	3f »
8.	1 shil. orangé.....	»	»	3f »

1861. Les mêmes, per. li.

9.	1 penny vert bleu..	» 35	»	»
10.	1 » vert.......	» 25	»	»
11.	2 pence brun rouge.	»	»	» 50
12.	2 » rouge pâle.	»	»	» 15
13.	2 » vermillon..	» 50	»	» 25
14.	6 » bleu.......	»	»	» 50
15.	6 » bleu foncé.	»	»	» 50
16.	6 » ardoise....	1f 50	»	» 50
17.	6 » violet......	»	»	» 50
18.	9 » gris	2f »	»	» 75
19.	10 » orange......	3f »	»	1f »
20.	10 » jaune clair.	2f »	»	1f »
21.	1 shil. orangé....	»	»	2f 50
22.	1 » orangé pâle	»	»	2f »
23.	1 » brun.......	2f 50	»	» 35
24.	1 » brun clair..	»	»	» 35

1868. Les mêmes, piqués 11 1/2 ou per. li. en hauteur et piq. en largeur.

1867. Type différent, couleur sur blanc, étoile en fil. per. li.

25.	2 pence rougeâtre.	» 50	»	»
26.	4 pence violet	1f 25	»	» 50
27.	2 shil. carmin	5f »	»	1f »

AUTRICHE.

1850. Armoiries, couleur sur blanc.

			Neufs.	Oblitér.
1.	1 kr. orangé......	»	»	1f »
2.	1 » jaune.......	»	»	» 25
3.	2 » noir........	»	»	» 15
4.	3 » rouge.......	»	»	» 10
5.	3 » rouge pâle..	»	»	» 10
6.	6 » brun	»	»	» 10
7.	6 » brun pâle...	»	»	» 10
8.	9 » bleu	»	»	» 10
9.	9 » bleu pâle...	»	»	» 10

1858. Effigie, coul. s. blanc, piq. 15.

10.	2 kr. orangé......	»	»	2f »
11.	2 » jaune......	»	»	» 50
12.	3 » noir........	»	»	» 50
13.	3 » vert........	»	»	» 50
14.	5 » rouge	»	»	» 10
15.	10 » brun	»	»	» 10
16.	15 » bleu..	»	»	» 10

1861. Ovale, effigie en relief et couleur sur blanc, piq. 14.

17.	2 kr. jaune.......	» 35	»	»
18.	3 » vert........	» 35	»	»
19.	5 » rouge.......	» 50	» 10
20.	10 » brun	» 50	» 05
21.	15 » bleu	» 75	» 05

1866. Tous les timbres précédents ont été réimprimés en couleurs plus vives, ceux de 1858 et 1861 sont piq. 12. chacun...... 1f » » »

1863. Ovale, aigle, relief et couleur sur blanc; petite piq. 14.

22.	2 kr. jaune.......	» 50	» 25
23.	3 » vert........	» 50	» 25
24.	5 » rose........	» 50	» 25

Neufs. Oblitér.

```
25. 10 kr. bleu........ »  60   » 25
26. 15 »   brun........ »  75   » 25
```

1864. Les mêmes, grosse piq. 9 1/2.

```
27.  2 kr. jaune....... »  25   » 10
28.  3 »   vert........ »  25   » 10
29.  5 »   rose........ »  25   » 10
30. 10 »   bleu........ »  50   » 05
31. 15 »   brun........ »  75   » 05
```

1867. Effigie, sans relief, couleur sur blanc, piq. 9 1/2.

```
80.  2 kr. jaune....... »  15   »  »
81.  3 »   vert........ »  15   »  »
82.  5 »   rose........ »  25   » 10
83. 10 »   bleu........ »  50   » 10
84. 15 »   brun........ »  60   » 10
85. 25 »   violet....... 1f 25  » 35
86. 50 »   chair(piq.13) 2f »   » 75
```

TIMBRES POUR JOURNAUX (INTÉRIEUR)

1850. Tête de Mercure, impr. couleur sur blanc.

```
32. Bleu.............. »  50   » 20
33. Bleu pâle......... »   »   » 15
34. Indigo............ »   »   » 50
35. Jaune pâle........ »   »  10f  »
36. Rose pâle......... »   »  20f  »
37. Carmin vif........ »   »  20f  »
```

Réimpression.

```
35 A. Jaune........... 5f »   »  »
36 A. Rose............ 5f »   »  »
37 A. Carmin......... 5f »   »  »
```

1858-59. Effigie à gauche, relief et couleur sur blanc.

```
38. Lilas............. »   »   » 25
39. Bleu............. 1f »   » 50
```

1861. Effigie à droite, relief et couleur sur blanc.

Neufs. Oblitér.

```
40. Gris perle........ »   »   » 10
41. Lilas ............ »   »   » 05
```

1863. Armoiries (aigle), relief et couleur sur blanc.

```
42. Lilas............. » 10   » 05
43. Lilas clair........ » 10   » 05
```

1867. Mercure, couleur sur blanc.

```
87.  Lilas............. » 15   » 05
87a. Lilas foncé...... » 15   » 05
```

TIMBRES POUR JOURNAUX (EXTÉRIEUR).

(NOTA. Nous indiquons ici tout ce qui a eu cours soit en Autriche, soit en Lombardo-Vénétie.)

1853-58. Armoiries (aigle), couleur sur blanc.

```
44. 1 kr. noir........ 3f »   »  »
45. 1 »   bleu........ » 25   » 10
46. 1 »   bleu pâle... » 25   » 10
47. 2 »   vert........ »  »   » 75
48. 2 »   vert pâle... »  »   » 50
49. 2 »   brun........ » 50   » 25
50. 2 »   brun clair... »  »   » 25
51. 2 »   rouge....... »  »   » 10
52. 4 »   rouge....... »  »   4f »
53. 4 »   brun ....... »  »   3f »
```

Plusieurs de ces timbres ont été réimprimés.

ENVELOPPES.

Types des timbres.

1861. *Effigie en relief et couleur sur blanc.*

Neufs.Oblitér.

54. 3 kr. vert........	» 50	» »
55. 5 » rouge.......	» 50	» »
56. 10 » brun.......	1f »	» »
57. 15 » bleu........	1f »	» »
58. 20 » orangé......	1f 75	» »
59. 25 » brun foncé..	2f »	» »
60. 30 » violet.......	2f 50	» »
61. 35 » brun clair...	3f »	» »

Ces enveloppes ont été réimprimées.

1863. *Aigle en relief et couleur sur blanc.*

62. 3 kr. vert........	» 50	» »
63. 5 » rose.........	» 50	» »
64. 10 » bleu........	» 75	» »
65. 15 » bistre.......	1f »	» »
66 25 » violet.......	1f 75	» 75

1867. *Effigie, coul. s. blanc.*

89. 3 kr. vert..........	» 20	» »
90. 5 » rose.........	» 25	» »
91. 10 » bleu.........	» 50	» »
92. 15 » brun.........	» 75	» »
93. 25 » violet........	1f 25	» »

CARTE DE CORRESPONDANCE.

1869. *Imp. noir s. jaune, timbre de 1867, imprimé à l'angle droit.*

99. 2 kr. orangé......	» 25	» »

TIMBRES DITS DE RETOUR.

(NOTA. Sous ce nom on connaît des marques qui servaient à compléter les anciennes feuilles de timbres. Il n'y a pas de timbres de retour en Autriche.)

1850. *Croix de couleur sur papier blanc.*

67. Orangé..........	1f »	» »
68. Jaune.............	1f »	» »
69. Noir.............	1f »	» »
70. Rouge............	1f »	» »
71. Brun.............	1f »	» »
72. Bleu.............	» 50	» »

1850. *Croix blanche en relief, fond de coul. sur papier blanc, piq. 15.*

Neufs. Oblitér.

73. Orangé..........	1f »	» »
74. Jaune.............	» 25	» »
75. Noir.............	» 50	» »
76. Vert.............	» 25	» »
77. Rouge............	» 25	» »
78. Brun.............	» 50	» »
79. Bleu.............	» 25	» »

OFFICE PARTICULIER

COMPAGNIE DE LEITMERITZ.

1867. *Noir sur couleur. Onze couleurs de chaque valeur (abus évident).*

94. 5 kreuzer........	» 35	» »
95. 10 »	» 50	» »

96. 15 »	» 50	» »
97. 25 »	» 75	» »

98. 50 »	1f 25	» »
La collection de 5 valeurs...............	3f »	» »
La collection de 55 timbres..................	20f »	» »

COMPAGNIE DES CHEMINS DE FER
DE GALLICIE.

*1867. Armes, noir sur couleur,
per. li.*

Neufs.Oblitér.

99. 3 kr. chamois...   » 25 »   »
100. 5 » lilas......   » 35 »   »
101. 10 » vert clair. » 50 »   »
102. 20 » rose......   1ᶠ » »   »

Voir Lombardo-Vénétie et Compagnie danubienne.

BADE.

1851. Chiffre noir sur couleur.

1. 1 kr. chamois..... » » » 50
2. 3 » jaune paille. » » » 25
3. 3 » jaune orangé   » » » 25
4. 6 » vert .... » » » 10
5. 9 » rose........   » » » 10

1853. Mêmes timbres.

6. 1 kr. blanc....... » » » 25
7. 3 » bleu........   » » » 25
8. 3 » vert........   » » » 15
9. 6 » jaune.......   » » » 15

1863. Les timbres de 1851 et de 1853 ont été réimprimés.

*1860. Armoiries, fond de couleur
sur blanc, petite piq. 13 1/2.*

10. 1 kr. noir........ » » » 25
11. 3 » bleu ciel.... » » » 15
12. 3 » bleu foncé..   » » » 15
13. 6 » jaune orangé   » » » 15
14. 6 » jaune.......   » » » 15
15. 9 » rose........   » » » 15

*1862. Mêmes timbres, grosse
piq. 10.*

16. 1 kr. noir........ » » » 10
18. 6 » bleu........   » » » 15
19. 9 » bistre......   » » » 10
20. 9 » bistre clair.. » » » 10

*1862-64. Mêmes timbres, armoiries
fond blanc, piq. 10.*

21. 1 kr. noir........ » 15 »   »
22. 3 » rose, piq. 13
          1/2 et 10.   » 25 » 05
23. 6 » bleu. ......   » 50 » 10
24. 9 » bistre... ... » 75 » 10
25. 18 » vert........   1ᶠ50 » 50
26. 30 » orangé .....   2ᶠ » » 50

*1868. Même type, grosses
inscriptions, piq. 10.*

Neufs.Oblitér.

38. 1 kr. vert........ » 10 »   »
39. 3 » rose........   » 25 » 10
40. 7 » bleu........   » 50 » 15

1862. LAND-POST (CHIFFRES-TAXE).

Chiffre noir sur couleur piq. 10.

27. 1 kr. jaune....... » 10 »   »
28. 3 » jaune........ » 25 »   »
29. 12 » jaune.......   » 75 »   »

ENVELOPPES.

*1858. Ovales, relief et couleur
sur blanc.*

30. 3 kr. bleu .... » 50 »   »
31. 6 » jaune d'or... 1ᶠ » »   »
32. 9 » rose........   1ᶠ25 »   »
33. 12 » bistre......   10ᶠ » »   »
34. 18 » rouge brun.. 15ᶠ » »   »

1862. Même type.

35. 3 kr. rose........ » 25 » 05
36. 6 » bleu........   » 50 » 25
37. 9 » bistre......   » 75 » 25

BAHAMAS.

1859. Reine, couleur sur blanc.

1. 1 penny rouge pâle. » » » »

1861. Même type, piq. 12, 15.

2. 1 penny rouge pâle.. » » 1ᶠ »
3. 4 pence rose......   » » 1ᶠ »
4. 6 » lilas.......   » » 1ᶠ »

1862. *Même type, avec CC couronné, en filigrane, piq. 13.*

Neufs. Oblitér.

5. 1 penny brun rouge.	» »	» 50
6. 1 » carmin vif.	» 25	» »
7. 4 pence rose.......	1f »	» »
8. 6 » lilas......	» »	» 75
9. 6 » lilas foncé.	1f50	» 50

10. 1 shil. vert (type différent), piq. 14. 2f50 » 75

BARBADE.

1852. *Déesse assise, couleur sur papier bleu.*

1. Vert............	»	» 10f »
2. Bleu............	»	» 10f »
3. Rouge..........	»	» 3f »

Mêmes timbres, papier blanc.

4. Vert............	»	» 1f »
5. Bleu............	»	» 1f »
6. Bleu foncé.......	»	» 2f »

1861. *Mêmes timbres, piq. 14, 14 1/2, 15 1/2.*

6a. Vert foncé.......	» »	» 75
7. Vert............	» 15	» »
8. Bleu............	» 25	» 15
9. Rouge...........	» »	» 50
10. Rouge foncé......	» »	» 50

Même type, valeur indiquée.

11. 6 pence rouge.....	» »	1f »
12. 1 shil. noir......	» »	1f »

1864. *Mêmes timbres, piq. 14, 15 1/2.*

13. 6 pence rouge.....	» »	» 50
14. 6 » rouge orangé	» »	» 50
15. 1 shill. gris noir....	» »	» 25

BAVIÈRE.

1849. *Chiffre dans un carré.*

Neufs. Oblitér.

1. 1 kr. noir s. blanc. 3f » 1f50

1850. *Chiffre dans un rond, couleur sur blanc, Dick.*

2. 1 kr. rose........	1f »	» 15
3. 1 » rose clair...	1f »	» 15
4. 3 » bleu........	1f »	» 10
5. 3 » bleu pâle...	1f »	» 05
6. 6 » brun........	1f »	» 10
7. 6 » brun pâle...	1f »	» 05
8. 9 » vert........	1f »	» 10
9. 9 » vert jaune..	1f »	» 05
10. 12 » rouge.......	2f »	» 25
11. 18 » jaune.......	2f »	» 50

1862. Mêmes timbres.

12. 1 kr. jaune.......	» 15	» »
13. 3 » rose........	» 25	» 10
14. 3 » rose pâle...	» 25	» 05
15. 6 » bleu........	» 50	» 10
16. 6 » bleu pâle...	» 50	» 05
17. 9 » brun........	» 75	» 10
18. 9 » brun clair...	» 75	» 05
19. 12 » vert........	1f »	» 15
20. 18 » rouge.......	1f25	» 50

1867-68. *Armoiries en relief, couleur sur blanc, Dick.*

37. 1 kreut. vert.......	» 10	» »
37a. 1 » vert bleu..	» 15	» »
38. 3 » rose......	» 25	» 10
39. 6 » bleu......	» 50	» 10
40. 9 » bistre.....	» 75	» 10
41. 12 » lilas......	1f »	» 25
42. 18 » rouge.....	1f25	» 50
46. 6 » bistre.....	» 50	» 10
47. 7 » bleu vif...	» 75	» 10

1862. POST-TAXE (CHIFFRE-TAXE).

Neufs. Oblitér.
21. 3 kr. noirs. blanc. » 25 » »

1863. RETOURBRIEF (TIMBRES DE RETOUR).

22. Noirs. blanc, Munich. » 75 » »
22 b Id. id. variété.. » 75 » »
23. » Bamberg. » 75 » »
43. » Nuremberg. » 75 » »
44. » Augsbourg. » 75 » »
45. » Wursbourg. » 75 » »

ENVELOPPE.

1869. *Armoiries, relief et coul.*

48. 3 kr. rose........ » 25 » »

Enveloppes portant un timbre noir sur couleur, type des timbres ordinaires, service du bureau central aux succursales, 1850-62.

24. 1 kr. gris......... 2f » » »
25. 3 » bleu........ 1f50 » » »
26. 6 » marron..... 3f » » »
27. 9 » vert........ 4f » » »
28. 12 » rouge...... 5f » » »
29. 18 » jaune....... 5f » » »
30. 1 » jaune....... 2f » » »
31. 3 » noir (taxe).. 5f » » »

Neufs. Oblitér.
32. 3 kr. rose........ 1f50 » »
33. 6 » bleu........ 2f » » »
34. 9 » fauve....... 4f » » »
35. 12 » vert........ 5f » » »
36. 18 » gris rose.... 5f » » »

ESSAI D'ENVELOPPE.

Couleur et relief sur papier jaune.
A. bleu — B. brun — C. vert —
D. violet — E. rouge — F. jaune.
Chacun.................. 3 fr.

BELGIQUE.

1849. *Effigie sans cadre, couleur sur blanc, LL en filigrane.*

1. 10 cent. brun noir. » » » 50
2. 10 » brun clair. » » » 25
3. 20 » bleu...... » » » 20
4. 20 » bleu clair. » » » 50

1850. *Effigie dans un ovale, LL en filigrane.*

5. 10 cent. brun...... » » » 25
6. 20 » bleu...... » » » 25
7. 40 » carmin.... » » » 25

1851. *Même type, sans filigrane.*

8. 1 cent. vert foncé.. » 50 » »
9. 1 » vert....... » » » 10
10. 10 » noir....... » » » 25
11. 10 » brun noir.. » » » 10
12. 20 » bleu foncé. » » » 25
13. 20 » bleu...... » » » 10
14. 40 » carmin foncé » » » 25
15. 40 » carmin..... » » » 10

1863. *Mêmes timbres, piq. 13,14.*

16. 1 cent. vert foncé.. » 10 » »

		Neufs.	Oblitér.
17. 1 cent.	vert clair...	» 10	» »
18. 1 »	vert bleu...	» 10	» »
19. 10 »	noir.......	» »	» 25
20. 10 »	brun	» 25	» 05
21. 20 »	bleu foncé..	» »	» 10
22. 20 »	bleu	» 50	» 05
23. 40 »	carmin foncé	» »	» 25
24. 40 »	carmin.....	» 75	» 05

1865. *Effigie à gauche, couleur sur papier blanc glacé, piq. 15.*

25. 10 cent. gris......	» 20	» 05
26. 20 » bleu...	» 30	» 05
27. 30 » bistre.....	» 50	» 10
28. 40 » carmin...	» 60	» 10
29. 1 franc lilas.....	1 50	» 25

Les mêmes en couleurs plus foncées, les mêmes sur papier mince.

1869. *Léopold II, couleur sur blanc, piq. 15.*

30. 10 cent. vert..	»	»
31. 20 » bleu.	»	»
32. 30 » jaune	»	»
33. 40 » carmin	»	»
34. 1 franc violet....	1 50	» »

POUR JOURNAUX.

"1866." *Armoiries, piq. 15.*

35. 1 cent. gris......	» 05	»
36. 1 » gris noir piq.	» 25	»
37. 2 » bleu........	» 10	»
38. 5 » brun........	» 10	»

1869. *Chiffre, coul. s. blanc, piq. 15.*

39. 1 cent vert.......	» 05	»
40. 2 » bleu........	» 10	»
41. 5 » jaune	» 10	»
42. 6 » carmin.....	» 15	»
43. 8 » violet.......	» 20	»

1865. *Timbres de télégraphe.*

	Neufs.	Oblitér.
44. 50 cent. gris......	1f »	» »
45. 1 franc vert......	2f »	» »
46. ovale relief 50 c. jaune	1f »	» »

ESSAIS.

Essai. Genre du type de 1850, impr. en taille douce, couleurs différentes, chacun........... 2f » »

Concours de 1865. 10 essais différents, imprimés chacun en plusieurs couleurs, chacun. 1f » »

1865 Armes de Belgique, couleurs différentes............ 1f » »

BERGEDORF (près Hambourg).

1861. *Armoiries, papier de couleur.*

1. 1/2 sch. noir s. violet	15f »	» »
2. 1/2 » noir s. bleu.	» 15	» »
3. 1 » noir s. blanc	» 20	» »
4. 1 1/2 » noir s. jaune	» 25	» »
5. 3 » noir s. rose.	15f »	» »
6. 3 » bleu s. rose.	» 25	» »
7. 4 » noir s. fauve	» 50	» »
La collection de 5 timbres............	1f »	» »

1867. *Réimpression des deux anciens*

1 bis. 1/2 noir sur violet	5f »	» »
2 bis. 8 noir sur rose.	5f »	» »

BERMUDE (Amérique).
1865. *Effigie, couleur sur blanc.*
CC en filig., piq. 14.

Neufs. Oblitér.
1. 1 penny rose...... » 25 » »
2. 2 pence bleu...... » 50 » »
3. 6 » lilas...... 1f50 » »
4. 1 shill. vert...... 2f50 » »

BOLIVAR (Nouvelle Grenade).
1867. *Cou'eur sur blanc.*

1. 10 cents rouge.... 2f » 1f »
2. 10 » vert...... » » » »
3. 1 peso rouge...... 10f » » »

BOLIVIE.
1868. *Aigle, couleur sur blanc.*

1. 5 cent. vert....... 1f » » 55
2. 50 » jaune...... » » » »
3. 100 » b'eu....... » » » »
4. 5 » violet... ... » » » »
5. 10 » brun........ » » » »
6. 20 » lie de vin.. » » » »
7. 50 » bleu... ..... » » » »
8. 100 » jaune....... » » » »

1868. *Armoiries, bien gravés coul.*
sur blanc, piq. 12.

9. 5 cent. vert....... » 75 » 5
10. 10 » vermillon . 1f25 » 50

Neufs. Oblitér.
11. 50 cent. bleu...... 5f » » »
12. 100 » jaune..... 10f » » »
13. 500 » noir...... » » » »

1864. Essai. Bordure de l'écu entouré de perles, impr. taille douce:
A noir sur blanc..... 3f. » » »
1864. Essai. Type ci-dessus, B vert,
C bleu, D rose, E bistre, G noir,
chacun .... » 50 » »
1867. Essai. Montagne dans un cercle; G brun .... » » » »

BRÊME.
1855. *Armoiries, non dentelés.*

1. 3 grote bleu....... 1f » » 50
2. 5 » rose .... 1f » » 50
3. 7 » jaune..... 1f » » 50
4. 5 silb. vert....... 2f » 1f »

1861. *Mêmes timbres, perc. en scie.*

5. 2 grote orangé .... » 50 » »
6. 2 » orangé pâle. » 50 » »
7. 3 » bleu...... » 60 » 25
8. 5 » rose ...... » 75 » 35
10. 10 » blanc...... 1f50 » »
11. 5 silb. vert....... 1f75 » 75

1867. *Les mêmes, piq. 13.*

5b 2 grote orange.... » 15 » »
7b 3 » bleu..... » 25 » »
8b 5 » rose ...... » 50 » »
9. 7 » jaune..... » 75 » »
10b 10 » blanc..... 1f » » »
11b 5 silb. vert....... 1f » » »

ENVELOPPES.

Stadt post-amt.

Neufs. Oblitér.
12. Noir sur bleu....   » 50   »   »
13. Noir sur blanc.....   » 25   »   »
14.   »   sans le
    mot *franco* en
    bas de l'envel . 1 f. »   »   »

TIMBRE DE FRANCHISE
DE L'ADMINISTRATION DES POSTES

Armoiries, rond festonné.

15. Noir sur bleu...... 2f »   »   »

BRÉSIL.

1843. *Grands chiffres, noir sur papier jaunâtre ou légèrement azuré..*

1. 30 reis noir.......   »   »   4f »
2. 30 » noir bleu..   »   »   4f »
3. 60 » noir.......   »   »   2f »
4. 60 » noir bleu..   »   »   2f »
5. 90 » noir.......   »   »   6f »
6. 90 » noir bleu..   »   »   6f »

1844. *Chiffres italiques, noir sur papier jaunâtre.*

7. 10 reis noir.......   »   »   » 50
8. 30 » noir.......   »   »   » 50
9. 60 » noir.......   »   »   » 50
10. 90 » noir.......   »   »   2f »
11.180 » noir.......   »   » 20f »
12.300 » noir.......   »   » 20f »
13.600 » noir.......   »   » 25f »

Les mêmes, papier azuré.

Neufs. Oblitér.
14. 10 reis roir......   »   »   » 50
15. 30 » noir......   »   »   » 50
16. 60 » noir......   »   »   » 50
17. 90 » noir......   »   »   2f »
18.180 » noir......   »   » 20f »
19.300 » noir......   »   » 20f »
20.600 » noir......   »   » 25f »

1850. *Petits chiffres droits, noir sur blanc.*

21. 10 reis noir....... 2f »   1f »
22. 20 » noir.......   » 50   »   »
23. 30 » noir.......   » 35   » 10
24. 30 » gris noir... » 35   » 15
25. 60 » noir.......   » 40   » 10
26. 60 » gris noir... » 40   » 10
27. 90 » noir.......   » 50   » 35
28. 90 » gris noir... » 10   » 35
29 180 » noir....... 1f25   » 50
30.300 » noir.......   2f »   » 50
31.600 » noir.......   3f »   1f »

1854-61. *Même type, couleur sur blanc.*

32. 10 reis bleu....... » 25   » 10
33. 10 » bleu pâle... » 25   » 10
34. 30 » bleu.......   » 25   »   »
35. 30 » bleu pâle..   » 25   »   »
36.280 » rouge......   2f »   » 25
37.430 » jaune......   3f »   1f »

1866. Tous les timbres de 1850 à 1861, sauf le 10 reis noir, ont été piq. 13 1/2.

1866. *Effigie de l'empereur, types variés, piq. 12.*

38. 10 reis rouge...... » 15   »   »
39. 20 » violet...... » 50   » 25
39b 20 » lie de vin.. » 25   »   »

			Neufs.	Oblitér.
40. 50 reis	bleu	» 35	» 25
41. 80 »	lilas	» 50	» 25
42.100 »	vert	» 75	» 25
43.200 »	noir	1f25	» 25
44.500 »	jaune	3f »	» 50
La collection		5 fr.	1f25

1868. *Les mêmes, sur papier bleu.*
ENVELOPPES.
1867. *Relief et couleur sur blanc.*

45.100 reis	vert	» 75	» »
46.200 »	noir	1f50	» »
47.300 »	rouge	2f »	» »

BRESLAU (PRUSSE).
1867. *Noir sur couleur, perc. li.*

1. 1/2 silb.	jaune	» 15	» »
2. 1 »	rose	» 25	» »
3. 11/2 »	vert	» 35	» »
4. 2 »	bleu foncé	» 50	» »
5. 21/2 »	orange	» 60	» »
6. 5 »	violet	1f.»	» »

1867. *Deuxième type, noir sur couleur, per. li.*

7. 1/2 silb.	jaune	» 15	» »
8. 1 »	rose	» 25	» »
9. 11/2 »	vert	» 35	» »
10. 2 »	bleu	» 50	» »
11. 21/2 »	orangé	» 60	» »
12. 5 »	violet	1f »	» »

BRUNSWICK (DUCHÉ).
1852. *Cheval, couleur sur blanc.*

		Neufs.	Oblitér.
1. 1 silb.	rose	» »	2f »
2. 2 »	bleu	» »	1f50
3. 3 »	rouge	» »	2f »

1853-61. *Même type, noir sur couleur, cor en filig.*

4. 1/4 silb.	brun	» »	» 75
5. 1/3 »	blanc	» 25	» »
5b.1/3 »	blanc (dentelé)	1f »	» »
6. 1/2 »	vert	» 10	» »
6b.1/2 »	vert (dentelé)	1f »	» »
7. 1 silb.	jaune d'ocre	» »	» 50
8. 1 »	jaune clair	» 50	» »
9. 1 »	orangé	» »	» 50
10. 2 »	bleu	» 75	» 25
10b.2 »	bleu (dentelé)	1f »	» »
11. 3 »	rose	» »	» 50

Les 1/3, 1/2 et 2 silb. sont percés en arc, percés en ligne, ou piq. 12.

1857-68. *Chiffre 1/4 couronné, noir sur cachou, cor en filig.*

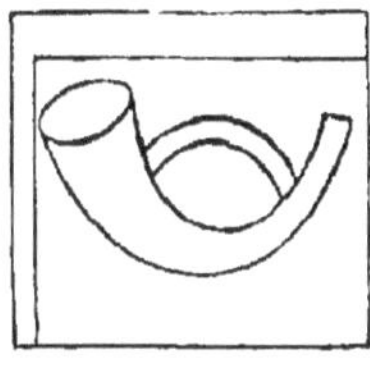

12. 1/4 guteng.(découpé)	» »	» 10
13. Quatre 1/4 formant un timbre	» 50	» »
38. Id. brun sur blanc.	» 10	» »

1862-64. *Cheval, couleur sur blanc, cor en filig., per. arc.*

14. 1 silb.	jaune	» 50	» »
15. 3 »	rose(non per)	1f »	» »
16. 3 »	rose	1f »	» »

1866. *Ovales, cheval, relief et couleur sur blanc, percés en arc.*

| 17. 1/3 grosch. noir | » 10 | » » |

Neufs. Oblitér.

19. 1 grosch. rose..... » 10 » »
20. 2 　　» 　　bleu.... » 10 » »
21. 3 　　» 　　bistre... » 10 » »

ENVELOPPES.

1855. *Cheval, relief et coul. sur blanc*

22. 1 gr. jaune........ » » » 50
23. 1 » jaune orangé.. » 50 » »
24. 2 » bleu pâle.... » » » 50
25. 2 » bleu vif. .... » 75 » »
26. 3 » rose........ » » » 50
27. 3 » carmin....... » 75 » »

1866. *Petit ovale, cheval, relief et couleur sur blanc.*

28. 1 gr. rose........ » 15 » »
29. 2 » bleu.... ...... » 25 » »
30. 3 » bistre........ » 50 » »

1852. *Rond, frappé à main:*
STADT-POST FR.

31. Rouge sur blanc... » 25 » »
32. Rouge sur gris..... » 25 » »
33. Rouge sur bleu.... » 25 » »
34. Rouge sur rose..... » 25 » »
35. Rouge sur jaune... » 25 » »
36. Rouge sur vert..... » 25 » »
37. Rouge sur lilas..... » 25 » »

Cartons mandats de poste, type de 1866, couleur sur couleur.

39. 1 gr. rose .... » 50 » »
40. 2 » bleu........ » 75 » »

BUÉNOS-AYRES.

1858. *Vaisseau, couleur sur blanc.*

1. 1 peso brun..... . » » 10f »
2. 1 » café..... .. » » 15f »
3. 1 » bleu foncé.. » » 3f »
4. 1 » bleu........ » » 3f »
5. 2 » bleu........ » » 4f »
6. 3 » vert........ » » 15f »
7. 4 » rouge...... » » 20f »
8. 5 » jaune...... » » 25f »
9. 4 reales brun........ » » 15f »

1859-62. *Tête de la Liberté, impr. en couleur.*

Neufs. Oblitér.

10. 1 peso bleu foncé.. » » » 50
11. 1 peso bleu clair.. 1f » » 50
12. 1 » rose........ » » 1f »
13. 2 » bleu........ 2f » » 75
14. 2 » rouge ..... » » 1f50
15. 4 » vert s. bleu. » » 1f50

ESSAI (*très-rare*)

CACHEMIRE.

1866. *Ronds, imprimés sur papier mi-blanc, vergé.*

1. 1/2 anna noir..... » » » »
2. 1 　　» 　　noir..... » » » »
3. 1 　anna bleu.... » » » »

1866-67. *Rectangulaires même impression.*

4. 1/4 anna noir..... 1f50 » »
5. 1/2 » noir..... 3f » » »
6. 1/2 » bleu..... 1f50 » »
7. 1 » noir..... 2t » » »
8. 1 » bleu..... 2f » » »
9. 1 » r. orange. » » 2t »
10. 2 » jaune.... 3f » » »
11. 4 » vert...... 5f » » »
12. 8 » vermillon 6f » » »

Ces timbres sont imprimés très-grossièrement et avec des couleurs à l'eau.

CANADA.

1851. *Types divers, couleur sur blanc.*

Neufs. Oblitér.

1. 1,2 penny rose (reine) 2ᶠ » 1ᶠ »
2. 1/2 penny rose (reine) piq. 12 .. » » 3ᶠ »

3. 3 pence brun (castor) 3ᶠ » » 50
4. 3 » rouge (id.). » » » 50
5. 3 » rouge (id.), piq. 12 .. » » 1ᶠ50
6. 6 » violet clair (pr. Albert) » » 4ᶠ »
7. 6 » violet noir (pr. Albert) » » 4ᶠ »
8. 6 » violet noir (pr. Albert), piq. 12 ... » » 10ᶠ »
9. 7 » 1/2 vert (r.) » » 3ᶠ »
10. 10 » bleu (J. Cartier.... » » 4ᶠ »
11. 10 » bleu foncé (J. Cartier) » » 4ᶠ »
12. 12 » noir (reine) 12ᶠ » » »

1860. *Mêmes types, valeur en cents, piq. 12.*

13. 1 cent. rose (reine) » 25 » 10
14. 1 » rose foncé (r.) » » » 25
15. 2 » rose (reine). » » » 25
16. 5 » rouge (castor) » 50 » 10
17. 10 » violet (pr. Albert).. 1ᶠ25 » 25
18. 10 » violet foncé (pr. Albert » » » 25
19. 12 c. 1/2 vert (reine) 1ᶠ50 » 25
20. 17 » bleu (J. Car.) 1ᶠ75 » 35
21. 17 » bleu foncé (J. Cartier)... » » » 35

1868. *Effigie, coul. s blanc, piq. 12.*

Neufs. Oblitér.

30. 1/2 cent. noir..... » 10 » »
31. 1 » orange... » 25 » »
32. 1 » jaune.... » 15 » »
33. 2 » vert ..... » 25 » 15
34. 3 » rouge.... » 40 » 10
35. 6 » brun..... » 75 » 25
36. 12 1/2 » bleu..... 1ᶠ25 » 25
37. 15 » violet.... 1ᶠ50 » 25

La collection de 7 valeurs. » 1ᶠ »

ENVELOPPES.

1860. *Ovales, reine, relief et couleur sur blanc.*

22. 5 cents rouge...... » 75 » »
23. 10 » brun...... 1ᶠ25 » »

Les mêmes, papier jaune (Essais?).

24. 5 cents rouge...... 2ᶠ50 » »
25. 10 » brun ...... 2ᶠ50 » »

OFFICES PARTICULIERS.

Bell's dispatch. Montreal, armoiries

26. 2 cents noir...... » 15 » »
27. 2 » bleu...... » 15 » »
28. 2 » rose...... » 15 » »

1865. *Bancroft's city exp., effigie.*

Neufs. Oblitér.
29. 5 cents bleu...... » 50 » »

CAP DE BONNE-ESPÉRANCE.

1853-63. *Triangulaires, gravés en taille douce, ancre en filig.*

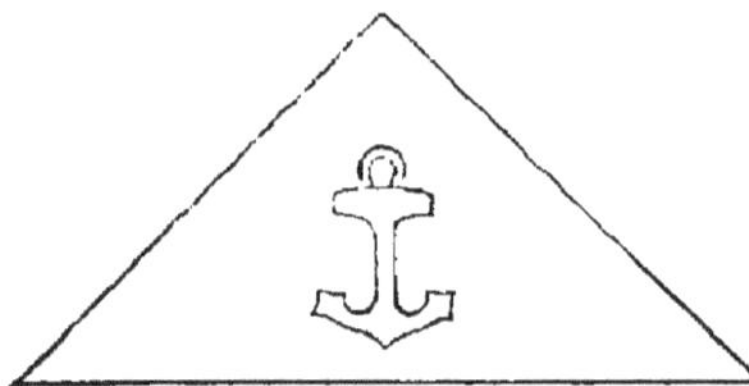

1. 1 penny brique(pap. bleuté).. » » 1f50
2. 1 » brique(pap. blanc).... » » » 50
3. 1 » carmin clair » 50 » »
4. 1 » rouge brun » 50 » 25
5. 4 pence bleu (pap. bleuté).. » » 1f50
6. 4 » bleu(papier blanc)... » » » 25
7. 4 » bleu foncé » » » 50
8. 6 » violet..... » » » 75
9. 6 » lilas...... » » » 50
10. 6 » lilas clair. » » » 50
11. 1 shil. vert foncé. » » 1f »
12. 1 » vert...... » » » 75
13. 1 » vert d'eau. » » 1f »

1864. *Triangulaires, gravés grossièrement sur bois (dits lithographiés).*

14. 1 penny rose...... » » 10f »
15. 1 » rouge..... » » 7f »
16. 1 » bleu...... » » » »
17. 4 pence bleu ...... » » 4f »
18. 4 » bleu foncé. » » 7f »
19. 4 » rouge..... » » » »

1863-65. *Rectangulaires, couleur sur blanc, dentelés, CC en fil. piq. 14.*

Neufs. Oblitér.
20. 1 penny rose...... » 25 » 15
21. 4 pence bleu...... 1f » » 15
22. 6 » lilas...... 1f50 » 35
23. 1 shill. vert...... 2f50 » 25

1868. *Même timbre, valeur en surcharge rouge* (provisoire).

24. 4 pence lilas...... 1f50 » 50

CEYLAN.

1857.*Reine, types divers, non dentelés, étoile en filigrane, rectangulaires.*

1. 1,2 penny lilas(pap. bleui).. » » 1f »
2. 1/2 » lilas (pap. blanc) . » 75 » »
3. 1 » bleu..... » » » 50
4. 2 pence vert ..... » » » 50
5. 5 » brun clair » » 1f75
6. 6 » brun .... » » 1f50
6b 6 » brun sur bleu... » » 2f »
7. 6 » brun clair » » 1f50
8. 10 » rouge.... » » 1f »
9. 1 shill. lilas..... » » 2f »

Idem, octogones.

10. 4 pence rouge..... » » 2f »
11. 8 » marron... » » 2f50
12. 9 » brun...... » » 2f50

Neufs. Oblitér.

13. 1 sh. 9 pence vert.   3ᶠ »   3ᶠ »
14. 2   »   bleu.   » »   3ᶠ »

Les mêmes, piq. 15, 15 1/2,
14 1/2, 14.

15. 1/2 penny lilas(sans
              filigrane) » 50   » »
16. 1   »   bleu.....   » »   » 25
17. 1   »   bleu (s. fi-
              ligrane)   » »   » 75
18. 2 pence vert....   » »   » 50
19. 3   »   brun clair » »   » 75
20. 6   »   brun.....   » »   » 50
21. 6   »   brun(s. fi-
              ligrane)   » »
                         » »   1ᶠ »
22. 10 »   rouge...   » »   1ᶠ »
23. 1 shill. lilas..... » »   1ᶠ »

Idem, octogones.

24. 4 pence rouge.....   » »   1ᶠ »
25. 8   »   marron.... » »   1ᶠ50
26. 9   »   brun.....   » »   1ᶠ50
27. 9   »   brun (s. fi-
              ligrane). » »   2ᶠ »
28. 1 sh. 9 p. vert..... » »   2ᶠ »
29. 2 shill. bleu...... » »   2ᶠ »

Mêmes timbres avec CC et couronne
en filigrane, piq. 12 1/2.

30. 1/2 penny lilas.... » 25   » »
31. 1   »   bleu ...   » 25   » 10
32. 2 pence vert.....   1ᶠ »   » 50
32 b 2 »   vert clair » 75   » 25
33. 4   »   rouge ...   1ᶠ »   » 50
34. 5   »   brun cl..   1ᶠ25   » 75
35. 6   »   brun cl..   1ᶠ25   » 50
36. 6   »   brun fonc. 1ᶠ25   » 50
37. 8   »   marron .   2ᶠ »   1ᶠ50
38. 9   »   brun....   2ᶠ25   1ᶠ50
39. 10 »   rouge...   2ᶠ50   » 50
39 b 10 »   orangé..   2ᶠ50   » 50
40. 1 shill. lilas.... 2ᶠ50   » 50
41. 1 sh. 9 p. vert.... 4ᶠ »   » »
42. 2   »   bleu....   5ᶠ »   1ᶠ »
53. 2 pence jaune brun. » 50   » »
54. 5   »   vert....... 1ᶠ25   » 50

1867. Timbre carré, piq. 12 1/2.

55. 3 pence rose......   » 75   » »

1869. Couleur s. blanc, piq. 12 1/2.

Neufs. Oblitér.

56. 1 penny bleu......   » 25   » 15

ENVELOPPES.

1861. Reine, relief et couleur sur
blanc.

43. 1 penny bleu......   » 50   » »
44. 2 pence vert......   » 75   » »
45. 4   »   rose...... 1ᶠ25   » »
46. 5   »   brun...... 1ᶠ50   » »
47. 6   »   brun.....   2ᶠ »   » »
48. 8   »   brun ....   2ᶠ »   » »
49. 9   »   violet..... 2ᶠ50   » »
50. 1 shill. jaune.. .. 2ᶠ50   » »
51. 1 sh. 9 p. vert...... 4ᶠ »   » »
52. 2 shill. bleu...... 5ᶠ »   » »

1869. Idem, papier azuré.

57. 6 pence brun.....   1ᶠ75   » »
58. 10   »   rouge.... 2ᶠ50   » »

CHILI.

1852. Christophe Colomb, coul. sur
papier bleu, chiffre en filig.

1. 5 cent. brun......   » »   1ᶠ »
2. 10 »   bleu foncé. » »   2ᶠ »

Même type, papier blanc, même fil.

3. 1 cent. jaune......   » 25   » »
4. 5   »   brun....... 2ᶠ »   1ᶠ »
5. 5   »   rouge....... » 50   »
6. 10 »   bleu foncé.. » »   » 75
7. 10 »   bleu........ 1ᶠ »   » 50
8. 20 »   vert foncé... » »   1ᶠ25
9. 20 »   vert........ 2ᶠ »   1ᶠ »

1867. Mieux gravés, couleur sur blanc, piq. 12.

Neufs. Oblitér.

				Neufs	Oblitér.
10.	1 cent.	orange....	» 15	»	»
11.	2 »	noir......	» 25	»	»
12.	5 »	roug-.....	» 50	» 25	
13.	10 »	bleu......	1f »	» 50	
14.	20 »	vert......	2f »	» 75	

COLOMBIE BRITANNIQUE.

1865. V et ornements, couleur sur blanc, piq. 14.

1. 3 pence bleu...... » 75 » »

1868. Même type avec la cœur surchargée en couleur.

2. 2 cents brun..... » 25 » »
3. 5 » orange... » 75 » »
4. 10 » rose..... 1f 25 » »
5. 25 » jaune.... 2f 50 » »
6. 50 » violet.... 5f » » »
7. 1 dollar vert..... 10f » » »

1868. Grands timbres de la Comp. Dietz et Nelson's, imprimés noir sur rouge glacé. Valeur non indiquée. Dimensions différentes.

8. Rouge, avec vignette. » » » »

		Neufs.	Oblitér.
9. Rouge sans vignette	» »	» »	
10. » »	» »	» »	
11. » »	» »	» »	

COLOMBIE et VANCOUVER.

1861. Reine, couleur sur blanc, non dentelé.

1. 2 1.2 pence rose pâle » » 5f »

Même, piq. 14.

2. 2 1/2 pence rose pâle. 1f » » »
3. 2 1/2 » rose brun 1f » » »

COLONIES FRANÇAISES.

1860-66. Aigle dans un rond.

1. 1 cent. olive...... » 10 » »
2. 5 » vert........ » 15 » »
3. 10 » jaune...... » » » 10
4. 20 » bleu....... » » » 25
5. 40 » orangé..... » » » 10
6. 80 » carmin.... » » » 25

Voir Nouvelle-Calédonie et Ile de la Réunion.

COMPAGNIE DANUBIENNE.

1866 Valeur dans un ovale, coul. sur blanc, piqués 9 1/2 et 12.

1. 10 soldi lilas........ 1f » » 50
2. 17 » rose.......... 1f 50 » »
3. 10 » vert........ 1f » » 50

COMPAGNIE DE NAVIGATION A VAPEUR DE SAXE ET BOHÊME.

1868. *Oblong, bateau, noir et coul. sur blanc, piq.*

	Neufs.	Oblitér.
1. 1 gros. bleu......	» 25	» »
2. 2 » rose......	» 50	» »
3. 3 » doré......	» 75	» »

COMPAGNIE RUSSE DE NAVIGATION DU LEVANT.

1864. *Grand timbre, armoiries russes.*

| 1 6 kop. bleu pâle... | 3f » | » » |
| 1b 6 » bleu foncé.. | 1f50 » | » » |

2 1865. *Petit format, vaisseau.*

2. Rouge brun, 20 paras	» 75	» »
3. Rouge foncé.......	» 75	» »
4. Bleu, 3 piastres....	1f75	» »

Les mêmes sur papier mince.

1868. *Chiffre, inscription russe, piq. 12.*

	Neufs.	Oblitér.
5. 1 kop brun......	» 15	» »
6. 3 » vert......	» 25	» »
7. 5 » bleu......	» 50	» »
8. 10 » carm. et vert	1f »	» »

CORRIENTES (Rép. Argentine).

1856. *Liberté, noir sur couleur.*

1. 1 real M.C. bleu...	10f »	» »
2. Sans valeur bleu...	6f »	» »
3. » vert...	4f »	» »
4. » vert bleu	3f »	» »

Nota. Les feuilles sont composées de 8 timbres de types différents.

COSTA-RICA (Amérique).

1863. *Une baie, navire, etc., coul. sur blanc, non piqués.*

| 1. 1/2 real bleu...... | » » | » » |
| 2. 2 » rouge..... | » » | » » |

Les mêmes, piq. 12.

			Neufs.	Oblitér.
3.	1/2 real bleu......	1ᶠ »	» »	
4.	2 » rouge.....	2ᶠ50	1ᶠ »	
5.	4 » vert......	5ᶠ »	2ᶠ »	
6.	1 peso orangé....	9ᶠ »	3ᶠ »	

CUBA ET AUTRES COLONIES ESPAGNOLES.

1855. Reine d'Espagne, couleur sur bleuté, boucles en filigrane.

				Neufs.	Oblitér.
1.	1/2 real pl. vert noir	»	»	1ᶠ »	
2.	1/2 » verdâtre	»	»	» 50	
3.	1/2 » vert bleu	»	»	» 50	
4.	1 » vert ...	1ᶠ50	» 50		
5.	1 » vert jaune	»	»	» 50	
6.	2 » carmin.	3ᶠ »	1ᶠ »		
7.	2 r. y 1/4 carmin.	»	»	5ᶠ »	
8.	2 r. Y 1/4 carmin.	»	»	10ᶠ »	

1856. Mêmes timbres, papier mi-blanc, lignes droites croisées en filigrane.

9.	1/2 real pl. jaunâtre	»	»	» 75
10.	1/2 » vert bleu	»	»	» 75
11.	1 » vert....	»	»	1ᶠ »
12.	1 » vert jaune	»	»	1ᶠ »
13.	2 » rouge pâle	»	»	3ᶠ »

1857. Mêmes timbres, papier blanc.

14.	1/2 real pl bleu vert	»	»	» 50
15.	1/2 » bleu	» 50	» 25	
16.	1/2 » bleu pâle	»	»	» 25
17.	1/2 » bleu (type différ.)	»	»	3ᶠ »
18.	1 » vert jaune	»	»	» 50
19.	1 » vert....	»	»	» 25
20.	1 » vert clair	»	»	» 25
21.	1 » vert (type différ.)	»	»	3ᶠ »
22.	2 » rouge..	»	»	2ᶠ »
23.	2 r. Y 1/4 rouge..	3ᶠ »	» »	

1864. Réimpression des timbres de 1857.

15 b	1/2 réal bleu.....	3ᶠ »	» »
19 b	1 » vert.....	3ᶠ »	» »
22 b	2 » carmin...	3ᶠ »	» »

et autres couleurs de fantaisie.

Type semblable aux Espagne 1860.

Neufs. Oblitér.

24.	1/4 real pl. noir s. bl.	1ᶠ »	» »

1864. Reine, type semblable aux Espagne 1864.

25.	1/4 real pl. noir sur jaune..	1ᶠ »	» »
26.	1/2 » vert sur rose..	» 75	» 25
27.	1 » bleu sur chair.	1ᶠ25	» 30
28.	1 » bleu foncé s. chair	» »	» 50
29.	2 » rouge s. chair.	2ᶠ50	1ᶠ50
La collection........	5ᶠ »	» »	

1866. Même type, millésime.

30.	5 cent. lilas.......	1ᶠ25	» »
31.	10 » bleu.......	1ᶠ50	» 50
32.	20 » vert.......	2ᶠ50	» 75
33.	40 » rose.......	3ᶠ »	» »
34.	1/4 real pl. jaune de 1864, surchargé du chiffre noir **66**...	1ᶠ50	» »

1867. Même type, millésime, piq. 14.

35.	5 cent. lilas......	1ᶠ »	» »
36.	10 » bleu......	1ᶠ50	» 50
37.	20 » vert	2ᶠ »	» 75
38.	40 » rose	3ᶠ »	» »

1868. Effigie, ULTRAMAR en haut coul. s. blanc, piq. 14.

			Neufs.	Oblitér.
39.	5 cent.	lilas.......	» 50	» »
40.	10 »	bleu......	1f 50	» »
41.	20 »	vert.......	2f 50	» »
42.	40 »	rose.......	3f »	» »

1869. Mêmes timbres.

43.	5 cent.	rose.......	» 50	» »
44.	10 »	bistre......	1f »	» »
45.	20 »	jaune......	2f »	» »
46.	40 »	violet......	3f »	» »

1869. Même série avec, en surcharge noire : HABILITADO POR LA NACION.

TIMBRES-TÉLÉGRAPHE.

1868. Type d'Espagne, piq. 14.

47.	500 mil. de esc. brun sur jaune.....	» »	» »
48.	1 escudo, orange sur bleu..........	» »	» »

DANEMARK.

1851. Chiffre, couleur sur blanc, couronne en filig. pour tous les timbres.

1.	2 rigsb. bleu......	» » 1f »

1851. Armoiries FIRE RSB en bas.

2.	4 rigsb. brun foncé.	» » » 25
3.	4 » brun......	» » » 25
4.	4 » brun jaune.	» » » 25

1851-53. Même type, chiffre en bas, fond sablé.

5.	2 skil. bleu........	» 25 » 15

			Neufs.	Oblitér.
6.	2 skil.	bleu, piq. 11	» 50	» »
7.	4 »	brun......	» »	» 25
8.	4 »	brun clair..	» »	» 25
9.	8 »	vert.......	1f »	» 25
10.	16 »	lilas.......	» »	» 25
11.	16 »	lilas(per. li)	» »	1f »

1858. Même type, fond ondulé.

12.	4 skil.	brun clair..	» 50	» 25
13.	4 »	brun........	» 50	» 15
14.	4 »	brun (per. li.)	» 50	» »
15.	8 »	vert........	1f »	» 50
15 b	8 »	vert, percé li.	2f »	» »

1864. Ovales, couleur sur blanc, piq. 13.

16.	2 skil.	bleu........	» 20	» 15
17.	3 »	lilas........	» 25	» 15
18.	4 »	rouge.......	» »	» 50
19.	4 »	rose........	» 25	» 15
20.	8 »	bistre.......	» 60	» »
21.	16 »	gris-vert....	» 75	» 15

ENVELOPPES.

1864. Relief et couleur sur blanc.

22.	2 skil.	bleu.........	» 25	» »
24.	4 »	rouge.......	» 50	» »

Les mêmes, sans S après le chiffre.

23.	2 skil. bleu.........	» 20	» »
25.	4 » rouge.......	» 30	» »
26.	8 » ......?.....	» »	» »
27.	16 » ......?.....	» »	» »

TIMBRES DE JOURNAUX.

Couleur sur blanc, piq. 12.

		Neufs.	Oblitér.
29.	5 pund, 8 sk. bleu .	» 75	» »
30.	10 » 12 » brun .	1f »	» »

Même genre, DE JYLSK FYENSKE JERNBANER.

31.	8 skil. vert	» 75	» »
32.	12 » rouge......	1f »	» »

ESSAIS.

Profil du roi à droite.

A.	brun, burelé bleu ..	» 25	» »

Tête de mercure à gauche.

B.	brun, burelé bleu ..	» 25	» »

DEUX SICILES.

1858. NAPLES, *trinacrie, fleur de lis en filig.*

1.	1/2 grano rose.....	2f »	» 75
2.	1/2 » » foncé	2f »	1f »
3.	1 » rose	1f »	» 20
4.	1 » » foncé	1f »	» 20
5.	2 » rose.....	1f »	» 10
6.	2 » » foncé	1f »	» 10
7.	5 grana rose.....	1f »	» 25
8.	5 » » foncé	1f »	» 25
9.	10 » rose.....	1f »	» 25
10.	10 » » foncé	1f »	» 25

		Neufs.	Oblitér.
11.	20 grana rose	1f »	» 50
12.	20 » » foncé	1f »	» 50
13.	50 » rose.....	4f »	3f »
14.	50 » » foncé	4f »	3f »

1860. GOUVERNEMENT PROVISOIRE.

Même type.

15.	1/2 tornèse bleu...	» »	50f »

Même gravure, avec croix de Savoie remplaçant la trinacrie.

16.	1/2 tornèse bleu...	» »	15f »

1861. NAPLES, province italienne.

Victor Emmanuel, relief et couleur.

17.	1/2 torn. vert foncé.	» »	» 50
18.	1/2 » vert......	» 25	» »
19.	1/2 grano bistre	» 25	» »
20.	1 » noir	» 25	» »
21.	2 » bleu	» 25	» »
22.	5 » lilas	» »	» 50
23.	5 » rouge	» 25	» »
24.	10 » jaune	» 25	» »
25.	20 » citron....	» 25	» »
26.	50 » gris perle.	» 50	» »
27.	50 » bleu.....	1f50	» »

La collection des 8 valeurs 2 fr.

1859. SICILE. *Ferdinand II.*

28.	1/2 grano orangé...	» 50	» »
29.	1 » vert olive	» 50	» »
30.	1 » vert brun.	» »	» 50
31.	2 » bleu pâle.	» 50	» 25
32.	2 » bleu foncé	» »	» 50
33.	5 » vermillon	» 50	» »
34.	5 » carmin...	» 50	» »
35.	5 » rouge	» 50	» »
36.	10 » bleu noir.	» 50	» »
37.	10 » bleu sur bleu...	» 50	» »

Neufs. Oblitér.

38. 20 grana noir violet » 50 » »
39. 50 » chocolat.. 1f » » »
40. 50 » rouge bri-
que.... 1f » » »
La collection des 7 valeurs 3 fr.

ESSAIS.

DOMINICAINE (RÉPUBLIQUE).

1862. *Écusson, drapeaux, cadre formé d'un filet droit.*

1. 1/2 real rose...... 5f » » »
1b 1 » vert foncé. » » » »

1865. *Le même, filet imitant le dentelé.*

2. 1/2 real vert clair. 3f50 » »
3. 1 » brun...... 4f » » »
4. 1 » paille..... 3f50 » »

1866. *Même genre, plus long.*

4b 1/2 real jaune..... » » 3f »
5. 1 » vert clair. 3f » » »

1867. *Même genre, papier mince.*

6. 1/2 real rose ..... 2f » 1f50
9. 1/2 » lilas...... » » 1f50
7. 1 » bleu lilas. 2f » 1f50

Neufs.Oblitér.

8. 1 real rose...... 2f » » »
9. 1/2 » ardoise ... 2f » » »
10. 1/2 » gris vert.. 2f » » »
11. 1 » carmin.... 2f50 » »

ÉGYPTE.

1866. *Ornements divers, pyramide en filig., piq. 13.*

1. 5 paras vert....... » 25 » »
2. 10 » brun...... » 25 » »
3. 20 » bleu...... » 50 » »
4. 1 piastre violet,s.fil. » 50 » 25
5. 2 » jaune..... 1f » » 50
6. 5 » rose ...... 2f » 1f »
7. 10 » bleu foncé. 4f » 1f »
8. 10 » id.,non piq. 4f » » »

1867. *Sphinx, pyramide, piq.14 1/2 croissant en filig.*

9. 5 paras, jaune..... » 15 » »
10. 10 » violet..... » 25 » 15
11. 20 » vert...... » 25 » 15
12. 1 piastre, rose...... » 50 » 15
13. 2 » bleu...... 1f » » 50
14. 5 » brun..... 2f » » 75
La collection.. 4f » » »

TIMBRES ADMINISTRATIFS.

Ces timbres donnent la franchise aux lettres au dos desquelles ils sont appliqués. Nous connaissons les suivants :

1° Service antérieur à la poste vice-royale, timbre rond, 39 mil. de diamètre, légendes : AMMINISTRA-

ZIONE DELLA POSTA EUROPEA IN EGITTO UFFIZZIO DI TACTA.

Neufs. Oblitér.

15. Noir sur jaune.....   »   »   »   »

2° *Même genre, 34 mil. de diamètre, inscription arabe au centre, légende* : POSTE VICE REALI EGIZIRNE *et en bas un nom de ville; encadrement extérieur, formé d'un simple filet, noir sur couleur* :

16. *Birket el sab* orange.   »   »   1ᶠ   »
17. *Kafer Duar* bleu foncé.   »   »   1ᶠ   »
18. *Samanud* vert clair..   »   »   1ᶠ   »
19. *Zifta* gris perle.....   »   »   1ᶠ   »

3° *Même genre 38 mil. de diamètre, encadrement extérieur formé de trois filets couleur sur blanc* :

20. *Abuhomus* marron...   » 25   »   »
21. *Atfe* bleu clair......   » 25   »   »
22. *Alessandria* violet...   » 25   »   »
23. *Alessandria direzione generale* rose.....   » 25   »   »
24. *Benha* gris pâle.....   » 25   »   »
25. *Bilbes* ocre jaune...   » 25   »   »
26. *Birket - el-sab* vert bleu ....   » 25   »   »
27. *Constantinopoli* vermillon...............   » 25   »   »
28. *Konstantinopoli* vermillon ....   » 25   »   »
29. *Damanhour* vert clair.   » 25   »   »
30. *Damieta* indigo......   » 25   »   »
31. *Galiub* vert.........   » 25   »   »
32 *Gedda* lilas..........   » 25   »   »
33. *Jhafi-Zajat* jaune...   » 25   »   »
34. *Jeh-el-barud* rouge pâle ....   » 25   »   »
35. *Jsmailia* vert........   » 25   »   »
36. *Kafr-el dauar* jaune d'or ....   » 25   »   »
37. *Kafr-el-zayat* jaune vert ....   » 25   »   »

Neufs. Oblitér.

38. *Mahalla* jaune ocre..   » 25   »   »
39. *Mahallat Roh* brun rouge............   » 25   »   »
40. *Mansura* violet vif...   » 25   »   »
41. *Minet-el-Gamh* rouge pâle ....   » 25   »   »
42. *Minet-el-Gump* orange   » 25   »   »
43. *Porto Said* bleu.....   » 25   »   »
44. *Samanud* vert de mer   » 25   »   »
45. *Scibin-el-Anater* brun rouge............   » 25   »   »
46. *Smirne* gris perle...   » 25   »   »
47. *Suez* vert clair......   » 25   »   »
48. *Tanta* lie de vin.....   » 25   »   »
49. *Teh-el-barud* rouge pâle ....   » 25   »   »
50. *Took* brique.........   » 25   »   »
51. *Zazazig* bleu pâle....   » 25   »   »
52. *Zefta* vert olive.....   » 25   »   »

3° *Même genre, légendes arabes et italiennes, excepté le nom des villes. sur fond ligné noir sur couleur* :

53. *Alessandria* noir sur rose ....   » 25   »   »
54. *Cairo* bleu clair ...   » 25   »   »

ESSAIS.

Types de 1866, couleurs officielles, papier sans filigrane, non piqués. La collection de 7 timbres 10ᶠ »   »   »

1866. *Couleur sur blanc.*

A. bleu, B. vert, C. rouge, D. bistre, chaque.................   50 c.

ÉQUATEUR.

1865. *Armoiries, couleur sur blanc.*

1. 1/2 réal bleu .....   1ᶠ   »   » 50

Neufs. Oblitér.
2. 1 réal jaune....... 3f » 1f50
3. 1 » vert...... 1f50 » 75

4. 4 » rose...... 5f » » »
5. 4 » rouge..... 5f » » »

ESPAGNE.

1850. Reine Isabelle, dans un carré, couleur sur blanc.

1. 6 cuartos noir..... » » » 25
2. 12 » lilas..... » » 3f »
3. 5 réales rouge.... » » 2f »
4. 6 » bleu..... » » 10f »
5. 10 » vert..... » » 7f »

1851. Même effigie dans un ovale.

6. 6 cuartos noir..... » » » 25
7. 12 » lilas..... » » 3f »
8. 2 réales orangé... » » 30f »
9. 5 » rose..... » » 2f50
10. 6 » bleu..... » » 12f »
11. 10 » vert..... » » 7f »

1852. Même effigie, dans un rond.

12. 6 cuartos rose..... » » » 25
13. 6 » rose pâle. » » » 15
14. 12 » lilas..... » » 5f »
15. 12 » brun..... » » 3f »
16. 2 réales orangé... » » 30f »
17. 5 réales vert..... » » 2f »
18. 6 » vert bleu. » » 8f »

1852-53. Ours montant sur un arbre.

Neufs. Oblitér.
19. 1 cuartos bronzé... » » 5f »
20. 3 » bronzé... » » 20f »

1853. Effigie, dans un ovale.

21. 6 cuartos rose..... » » » 20
22. 12 » violet.... » » 3f »
23. 2 réales orangé... » » 20f »
24. 5 » vert..... » » 2f »
25. 6 » bleu..... » » 8f »

1854. Armes.

26. 2 cuartos vert...... » » 8f »
27. 4 » carmin... » » » 15
28. 4 » carmin sur
            bleuté.. » » » 50
30. 6 » carmin... » » » 15
31. 1 réal noir bleu. » » 1f »
32. 1 » bleu pâle. » » 1f »
33. 2 » rouge.... » » 1f »
34. 5 » vert..... » » 1f »
35. 6 » bleu..... » » 10f »

1855. Reine dans un rond perlé, papier bleuté, boucles en filigrane.

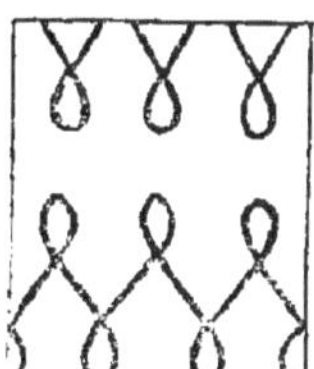

36. 2 cuartos vert...... » » 1f50
37. 4 » rouge.... » » » 10
38. 4 » brun..... » » » 25
39. 4 » rouge(litho-
            graphié) » » 2f »
41. 1 réal bleu..... » » 1f »
42. 2 » brun..... » » » 30
43. 2 » violet.... » » » 30

1856. *Mêmes timbres, papier blanc vergé, lignes droites croisées, en filigrane.*

Neufs. Oblitér.

44. 2 cuartos	vert......	»	»	3f	»
45. 4 »	rouge....	»	»	»	25
46. 1 réal	bleu.....	»	»	2f	»
47. 2 »	violet.....	»	»	»	25
48. 2 »	brun.....	»	»	»	25

1857. *Mêmes timbres, papier blanc uni.*

49. 2 cuartos	vert......	»	»	1f	»
50. 2 »	vert clair.	»	»	1f	»
51. 4 »	rose pâle	»	»	»	10
52. 4 »	rose vif..	»	»	»	25
53. 12 »	orangé...	5f	»	»	»
54. 1 réal	bleu.....	»	»	1f	»
55. 2 »	violet....	»	»	»	50

Réimpression des timbres de 1857.

49 b 2 cuartos	vert.....	3f	»	»	»
52 b 4 »	rose.....	3f	»	»	»
54 b 1 réal	bleu.....	3f	»	»	»
55 b 2 »	violet....	3f	»	»	»

et aussi en couleurs de fantaisie

1860. *Même effigie,* CORREOS *en haut.*

56. 2 cuartos	vert......	»	»	»	50
57. 4 »	jaune....	»	25	»	05
58. 4 »	orangé...	»	25	»	10
59. 12 »	rouge foncé	»	»	»	10
60. 12 »	rouge....	»	»	»	10
61. 19 »	brun.....	3f	»	2f	»
62. 1 réal	bleu.....	»	»	»	25
63. 2 »	violet....	»	»	»	25
64. 2 »	lilas.....	»	»	»	25

1862. *Même effigie,* ESPANA *en haut.*

5. 2 cuartos bleu s. jaune » » » 25

Neufs. Oblitér.

66. 2 cuartos	bleu s. jaune				
67.	foncé..	»	»	»	25
68. 4 »	brun foncé	»	»	»'10
69. 4 »	brun clair	»	»	».05
70. 12 »	bleu.....	»	»	» 05
71. 12 »	bleu pâle.	»	»	» 03
72. 19 »	carmin s. bleuté.	1f50	»	»
73. 19 »	carmin s. blanc.	1f50	»	75
74. 1 réal	brun sur jaune..	»	»	» 50
75. 2 »	vert foncé	»	»	» 50
76. 2 »	vert clair.	»	»	» 50

1864. *Même effigie, millésime.*

77. 2 cuartos	bleu sur mauve.	»	25	»	»
78. 4 »	rouge sur chair..	»	25	»	10
79. 12 »	vert s. rosé	»	50	»	10
80. 19 »	violet sur rose...	1f25	»	75
81. 1 réal	brun sur vert...	»	75	»	50
82. 2 »	bleu sur rose...	1f	»	»	25

1865. *Même effigie.*

83. 2 cuartos	rose......	»	50	»	»
84. 4 »	bleu.....	»	»	»	»
85. 12 »	bleu et rose	»	»	»	10
86. 19 »	brun et rose	1f25	»	75
87. 1 réal	vert......	»	75	»	»
88. 2 »	violet....	1f	»	»	50

1865. *Mêmes timbres, piq. 14.*

89. 2 cuartos	rose......	»	50	»	»
90. 4 »	bleu.....	»	50	»	»
91. 12 »	bleu et rose	»	»	»	10
92. 19 cuartos	brun et rose	1f25	»	75
93. 1 real	vert.....	»	75	»	»
94. 2 »	violet....	1f	»	»	»

1866. *Même effigie, piq. 14.*

95. 2 cuartos	rose......	»	25	»	»
96. 4 »	bleu.....	»	25	»	05
97. 12 »	orangé...	»	75	»	10
98. 19 »	brun.....	1f	»	»	50

Neufs. Oblitér.

99. 10 cent.vert...... » 75 » »
100. 20 » lilas..... 1f50 » 50

Août 1866. Type de 1864, piq. 14.

101. 20 cent. lilas.... 1f » » 50

Janvier 1867. Piq. 14.

116. 2 cuartos, brun.. » 25 » »
117. 4 » bleu... » 25 » 10
118. 12 » orange » 75 » 05
119. 19 » rose... 1f » » 50
120. 10 cent de esc.vert. » 75 » »
121. 20 » violet. 1f » » 25

Juillet 1867. Piq. 14.

122. 25 mill. de esc., bleu
et rose, » 25 » 15

123. 50 mill. de esc. brun » 50 » 15

1868. Dans les premiers jours de la révolution, quelques centaines de timbres ont paru avec les inscriptions noires supplémentaires: HABILITADO POR LA NACION *ou* HABILITADO POR LA JUNTA REBOLUCIONARIA.

1868-69. Mêmes timbres.

155. 19 cuartos brun.. 1f » » 50

Neufs. Oblitér.

156. 25 mil. de esc. bleu » 25 » 10
157. 50 » » violet » 50 » 10
158. 100 » » brun. » 75 » »
159. 200 » » vert.. 1f » » 50

1867. Pour journaux, piq. 14.

124. 10 mil. de esc., brun » 25 » 10
125. 5 » » vert » 15 » 10

CORRESPONDANCE OFFICIELLE.

1854. Armes dans un carré, noir sur couleur.

102. 1,2 onza jaune.... » 25 » »
103. 1 » rose..... » 25 » »
104. 4 » vert..... » 25 » »
105. 1 libra lilas bleu » 25 » »

1855. Armes dans un ovale.

106. 1/2 onza jaune.... » 25 » »
107. 1/2 » paille.... » 25 » 10
108. 1 » rose...... » 25 » »
109. 1 » rose pâle. » 25 » 10
110. 4 » vert...... » 50 » 25
111. 4 » vert d'eau » 25 » »
112. 1 libra bleu..... » 75 » »
113. 1 » lilas...... » 25 » »

Les mêmes, lithographiés.

TIMBRE DU CONGRÈS.

Grand ovale, correo senado armes, imprimé a main.

114. Bleu s. pap. blanc. 3f » » »

Neufs. Oblitér.

115. Noir s. pap. b'anc 3f » » »
115b Correo concrero,
b'eu sur blanc.. 1f » » »

TIMBRES DE TÉLÉGRAPHE.

1864. *Armes, couleur sur blanc.*

130. 1 réal brun..... 1f » » »
131. 4 » rose...... 2f » » »
132. 16 » vert...... 7f » » »
133. 20 » noir...... 9f » » »

1865. *Reine, coul. sur teinté.*

134. 1 réal bleu s. rosé 1f » » »
135. 4 » noir sur vert 2f » » »
136. 16 » rouge sur
jaune.... 7f » » »
137. 20 » rose sur rosé 8f » » »

.865. *Les mêmes sur blanc, piq. 14.*

138. 1 réal violet..... 1f » » »
139. 4 » bleu....... 2f » » »
140. 16 » vert....... 6f » » »
141. 20 » rose ...... 7f » » »

1866. *Même type, millésime, piq. 14.*

142. 10 cent. violet... 1f » » »
143. 40 » bleu..... 1f75 » »
144. 1 esc. 60 c. vert... 6f » » »
145. 2 » rose.. 7f » » »

1867. *Même type, piq.*

146. 10 cent. violet ... 1f » » »
147. 40 bleu .... 1f75 1f »
148. 1 esc. 60 c. vert.. 6f » 1f50
149. 2 » rose.. 7f » 3f »

1868. *Même type.*

150. 100 mill. de esc.
violet.... » 50 » »
151. 400 » bleu..... 1f75 1f »
152. 800 » brun..... 3f » 1f50
153. 1 escudo 600 mill.
vert...... 6f » 2f »
154. 2 escudos rose.... 7f » 3f »

1869. *Même type.*

Neufs. Oblitér.

160. 100 mil. de esc. bleu » 70 » »
161. 800 » rose. 3f » » »
162 1 esc. 600 mil. bistre 6f » » »
163 2 » vert. 7f » » »

164. 400 mill de esc. violet (armes).. 1f75 » »

ÉTATS CONFÉDÉRÉS D'AMÉRIQUE
(Sud).

1862. *Effigies diverses, couleur sur blanc. Petite dimension, carrés.*

1. 1 cent. orange (Col-
quhoun... 10f » » »
2. 5 » bleu (Jef.
Davis.... » 50 » »
3. 5 » bleu pâle
(J. Davis). » 50 » »
4. 5 » bleu pâle
(papier
grenu).. » » » 50

Grande dimension.

5. 2 cents vert (Andr.
Jackson). 10f » » »
6. 5 » bleu (Jeffers.
Davis) ... 1f » » »
7. 5 » bleu pâle (J.
Davis) ... 4f » » »
8. 5 » vert (Jeff.
Davis... 3f » » »
9. 5 » vert foncé
(J. Davis.) 3f » » »
10. 10 » rose (Th.
Davis).... » » 10f »

Neufs. Oblitér.

11. 10 cents bleu (Th. Davis).... 5f » » »

Moyenne dimension.

12. 2 cents lie de vin (Jackson). » 50 » »
13. 10 » bleu (J. Davis, profil). » 75 » »
14. 10 » bleu clair (J. Davis). » 50 » »
15. 10 » bleu très-foncé (J. Davis)... » 50 » »
16. ten » bleu (J. Davis, profil). » » 20f »

17. 20 » vert (Washington). 1f50 » »
18. 20 » vert jaune (Wasing.) 1f50 » »

OFFICES PARTICULIERS.

19. Baton rouge, 5 cents rose.. » 25 » »
20. Charleston 5 c. bleu. » 25 » »
21. » 5 c. violet » 25 » »
22. Charleston 5 c. brun. » 25 » »
23. Memphis 2 c. bleu. » 25 » »
24. » 5 c. rouge » 25 » »

25. Mobile 5 c. bleu. » 25 » »

Neufs. Oblitér.

26. Nashville 5 c. gris.. sur lilas. » 25 » »
27. » 5 c. rose sur lilas. » 25 » »
28. » 10 c. lilas.. » 25 » »

29. N.-Orléans 2 c. bleu. » 25 » »
30. N.-Orléans 2 c. rouge » 25 »
31. » 5 c. brun. » 25 »
32. » 5 c. brun sur bleu... » 25 » »

Richemond (chiffre)
33. 1 c. noir... » 25 » »
34. » 2 c. rose.... » 25 » »
35. » 5 c. brun... » 25 » »
36. » 10 c. bleu ... » 25 » »
37. » 15 c. vert... » 25 » »
38. » 20 c. rouge .. » 25 » »

Richemond (drapeau)
39. 5 c. vert ... » 25 » »
40. » 5 c. jaune.. » 25 » »
41. » 5 c. rouge.. » 25 » »
42. » 5 c. bleu... » 25 » »

Richemond (canons)

43. » noir s. blanc » 25 » »

ÉTATS ROMAINS.

1852. *Clés, noir sur couleur.*

1. 1/2 baj. gris...... » » 1f »
2. 1/2 » violet.... » 25 » »

			Neufs.	Oblitér.
3.	1/2 baj.	violet clair	» 15	» »
4.	1 »	vert clair.	» 15	» 10
5.	1 »	vert d'eau	» 15	» 10
6.	2 »	vert jaune	» 25	» 10
7.	2 »	vert foncé	» 25	» 10
8.	3 »	brun.....	» 25	» 10
9.	4 »	brun....	» »	» 50
10.	4 »	jaune....	» »	» 25
11.	4 »	paille....	» 40	» 10
12.	5 »	rose pâle.	» 40	» 10
13.	5 »	rose.....	» »	» 15
14.	6 »	gris.....	» 50	» 10
15.	6 »	gris perle	» 50	» 10
16.	7 »	bleu.....	» 50	» 10
17.	8 »	blanc....	» 75	» 10

Grande dimension, couleur sur blanc.

18.	50 baj.	bleu......	3f »	1f 50
19.	50 »	bleu foncé	5f »	1f 50
20.	1 scudo	rouge....	7f »	3f 50

1867. *Types précédents, monnaie en cents, noir sur papier de couleur glacé.*

21.	2 cent	vert........	» 15	» »
22.	3 »	violet.......	» 50	» »
22ª.	3 »	gris...	» 50	» »
23.	5 »	bleu........	» 25	» »
24.	10 »	rouge......	» 35	» »
25.	20 »	rouge foncé.	» 75	» 25
26.	40 »	jaune.......	1f »	» 25
27.	80 »	rose........	1f 50	» 25

1868. *Les mêmes, piqués 13 1/2.*

28.	2 cent.	vert......	» 10	» »
29.	3 »	gris......	» 25	» »
30.	5 »	bleu	» 15	» »
31.	10 »	vermillon.	» 25	» 05
32.	20 »	rouge foncé......	» 75	» 25

			Neufs.	Oblitér.
33.	20 cent.	amaranthe	» 50	» 25
34.	20 »	carmin...	» 40	» 10
35.	40 »	jaune.....	» 80	» 15
36.	80 »	rose.....	1f 50	» 25

ESSAIS.

Armoiries papales, relief et coul. sur blanc.

A. 5 bai, bleu et jaune, B. 5 b vert et jaune, C. 5 b. violet et vert, D. 10 b. vert, E. 10 b. vert et violet, chaque............. » 50 » »

Tiare, clés, chiffre du Christ au centre, grande gravure en taille douce (17 centimètres sur 13 1/2) destinée à la réduction.

F. Noir sur blanc..... 1f » » »

ÉTATS-UNIS D'AMÉRIQUE (Nord).

1847. *Effigie, couleur sur blanc ou bleu.*

1.	5 cent.	brun foncé sur bleu..	»	»	1f 50
2.	5 »	brun clair sur bleu.	»	»	1f »
3.	5 »	brun sur blanc...	»	»	2f »
4.	10 »	noir s. bleu	»	»	2f »
5.	10 »	noir sur blanc...	»	»	2f 50

Grande dimension.

6.	5 cent.	noir s. bleu	»	»	6f »
7.	5 »	noir sur blanc...	»	»	6f »

1860. *Petite dimension.*

8.	1 cent.	bleu (aigle)	» 50	» »
9.	1 »	gris (courrier)	3f »	» »
10.	1 »	rose (courrier)	20f »	» »

1855-60. *Effigies diverses, cs. en haut, non dentelés.*

11.	1 cent.	bleu	»	»	» 50
12.	3 »	rouge.....	»	»	» 50

Neufs. Oblitér·

13. 5 cent. brun...... » » » 75
14. 5 » brun jaune » » » 75
15. 10 » vert...... » » » 50
16. 12 » noir...... » » » 50

Les mêmes, piq. 15.

17. 1 cent. bleu...... » 50 » 25
18. 1 » bleu clair. » » » 25
19. 3 » rouge..... » » » 10
20. 3 » rouge pâle » 50 » 10
21. 5 » brun...... » 50 » 25
22. 5 » brun jaune » » » 50
23. 10 » vert...... » 75 » 03
24. 12 » noir...... 1f » » 25
25. 24 » lilas...... 2f » » 50
26. 30 » orange.... 2f50 1f »
27. 90 » bleu foncé 7f » » »

1861-66. *Effigies diverses, us. en bas, piq. 12*

28. 1 cent. bleu....... » 10 » 05
29. 1 » bleu clair. » 15 » 05
30. 2 » noir ..... » 20 » 05
31. 3 » rouge..... » » » 05
32. 3 » rose....... » 30 » 25
33. 5 » brun jaune » » » 50
34. 5 » brun...... » 50 » 10
35. 10 » vert...... » 75 » 05
36. 12 » noir...... 1f25 » 15
37. 15 » noir (Lincoln)... 1f25 » 10
38. 24 » lilas...... 2f » » 52
39. 24 » violet..... » » » 25
40. 30 » jaune..... 2f50 » 25
41. 90 » bleu...... 6f » » 50

1868. *Mêmes timbres, avec un gaufrage grillé au centre.*

1869. *Types divers, coul. s blanc, piq. 12, grillage gaufré.*

96. 1 cent. bistre... » 10 » »

Neufs.Oblitér,

97. 2 cent. brun.... » 25 » 10
98. 3 » bleu.... » 30 » 10

99. 6 » bleu.... » 60 » 25
100. 10 » orange . 1f » » 20

101. 12 » vert.... 1f25 » 25
102. 15 » brun et bleu.. 1f50 » 15

103. 24 » vert et noir.. 2f25 » 50
104. 30 » bleu et rose.. 2f50 » 25

105. 90 » rose et noir.. 6f50 » 75

TIMBRES DE JOURNAUX.

1865. *Très-grand format, couleur sur blanc, piq. 12.*

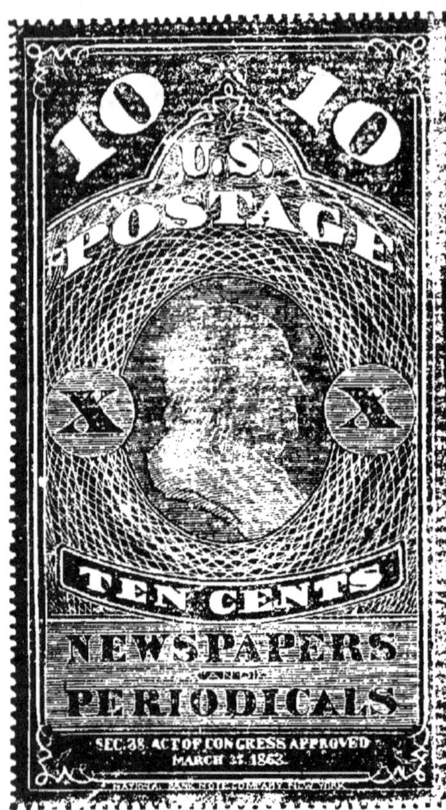

			Neufs.	Oblitér.		
50. 6 cent.	vert......	3f	»	»	»
51. 6 »	rouge.....	2f	»	»	»
52. 10 »	ve t.	3f50	»	»	»

1860. *Même type, mais plus petit, papier blanc.*

53. 3 cent.	rouge	1f50	»	»
54. 6 »	rouge.....	1f50	»	»
55. 10 »	vert......	2f50	»	»
56. 4 »	(formé du 1 et du 3 c.)	1f50	»	»

Les mêmes, papier jaune.

57. 1 cent.	bleu.......	» 35	»	»
58. 1 »	bleu (papier brun)....	» 25	»	»
59. 3 »	rouge.....	1f50	»	»
60. 6 »	rouge.....	1f50	»	»
61. 10 »	vert......	2f50	»	»
62. 4 »	(formé du 1 et du 3 c.)	1f50	»	»

Même effigie, valeur en chiffres, papier blanc.

63. 3 cent.	rose.......	» 50	»	»
64. 6 »	rose......	» 75	»	»
65. 10 »	vert......	1f	»	»

Les mêmes, papier azuré.

66. 3 cent.	rose.......	3f	»	»	»

Les mêmes, papier jaune ou brun.

		Neufs.	Oblitér.		
42. 5 cent. bleu......	1f	»	»	»
43. 10 » vert......	1f50	»	»	»
44. 25 » rouge.....	2f50	»	»	»
La collection..........	4f50	»	»	»

ENVELOPPES.

1853. *Grandes, ovales, relief et couleur sur blanc, valeur en lettres.*

45. 3 cent. rouge.....	2f	»	»	»
46. 6 » vert......	3f	»	»	»
47. 6 » rouge.....	2f	»	»	»
48. 10 » vert......	3f50	»	»	»

Les mêmes, papier jaune.

49. 3 cent. rouge.....	2f	»	»	»

67. 2 cent. noir (avec U.S. POS-TAGE)..	» 50	»	»

				Neufs.	Oblitér.
68.	2	cent.	noir (avec U.S. POST)...	» 25	» »
69.	2	»	id. sur brun	» »	» 25
70.	3	»	rose......	1f »	» »
71.	6	»	rose......	1f »	» »
72.	10	»	vert......	1f »	» »
73.	12	»	brun et rouge...	1f 25	» »
74.	20	»	bleu et rouge...	2f »	» »
75.	24	»	vert et rouge	2f 50	» »
76.	40	»	noir et rouge	4f »	» »

1865. *Effigie de Washington, chiffres et lettre de grande dimension, papier blanc.*

77.	3	cent.	rose......	» 75	» »
78.	3	»	brun......	» 50	» »
79.	6	»	rose......	1f »	» »
80.	6	»	violet.....	» 75	» »

Même type, papier jaune.

81.	3	cent.	rose......	» 75	» »
82.	3	»	brun......	» 50	» »
83.	6	»	rose......	1f »	» »
84.	6	»	violet.....	» 75	» »
85.	9	»	jaune.....	1f »	» »
86.	12	»	brun......	1f 25	» »
87.	18	»	rouge.....	2f »	» »
88.	24	»	bleu......	2f »	» »
89.	30	»	vert......	2f 50	» »
90.	40	»	rose......	3f 25	» »

TIMBRES-POSTE MONNAIE.

1862. *Timbres poste imprimés sur billets de banque.*

91.	5	cent.	brun s. bist.	» 50	» »
92.	10	»	vert s. blanc	1f »	» »
93.	25	»	(5 timb. de 5 c.) brun s. bistre.	2f »	» »
94.	50	»	(5 timb. de 10 c.) vert	4f »	» »

Adams, express company.

0. Rose................ » 15 » »

0a Noir sur jaune..... » 15 » »
0b Noir sur brun...... » 15 » »

American express company, postage two cents. Paid.

Neufs.

1. Vert.................. » 10

American express comp. UTICA; *drapeau.*

2. Rouge et bleu.......... » 25

American letter mail Co. 20 *fcr a dollar, aigle.*

3. Noir................... » 10

Arthur's city express, carré.

Neufs.
4. Noir sur blanc .... » 10
5.   »   jaune .... » 10
6.   »   rouge .... » 10
7.   »   vert .... » 10

8 th Avenue, post office paid.

8. Rouge .... » 10

Baltimore Adam express company, enveloppe.

9. Vert sur jaune .... » 25

Bank et insurance letter, city post, 50 William, st. (boîte à lettres).

10. Noir .... » 10
11. Noir sur jaune .... » 10
12. Rouge .... » 10

Même type (basement).

13. Rouge .... » 10

Même type, 82 Broadway.

14. Rouge .... » 10
15. Noir .... » 10

Même genre.
(péristyle), 50 William, st.

16. Bleu .... » 10

Idem, 82 Broadway.

17. Bleu .... » 10

Barrs', penny, dispatch.

18. Rouge .... » 10
19. Noir sur vert .... » 10

Bell's (Canada).

19. a 2 cents noir .... » 10
19. b   »   bleu .... » 10
19. c   »   rose .... » 10

Blood's et Cº, All letters, off except a bag, rond.

Neufs.
20. Noir .... » 10

Blood's, dispatch, enveloppe, for Philada, delivery pre paid, rond, relief.

21. Rouge .... » 10

Blood's, one cent, dispatch, petit.

22. Doré sur noir .... » 10

Même genre, post office, petit.

23. Doré sur noir .... » 10

Blood's dispatch, paid (colombe), ovales.

24. Noir .... » 10
25. Noir sur vert .... » 10
26. Or sur bleu .... » 10

Blood's, penny-post, Kochesperger et Cº, Philada, ovale, effigie.

27. Noir .... » 10

Mêmes inscriptions, carré, effigie.

28. Noir .... » 10

Blood's, penny post, Philada, petit.

29. Or sur gris .... » 10
30. Or sur noir .... » 10
31. Or sur bleu .... » 10
32. Bleu sur gris .... » 10
33. Bleu sur rouge .... » 10

D.O. Blood et Cos (homme marchant sur les toits).

34. Noir .... » 15

Le même, avec CITY DESPATCH.

35. Noir .... » 15

Le même, sans l'inscription Blood, etc.

Neufs.

36. Noir.................. » 15

Bouton's (effigie), rough and ready, 2 cents, city dispatch post.

37. Noir..................... » 10

Boyd's city post, 39 Fulton str (aigle) ovale, relief, enveloppes.

38. Rouge.................. » 25
39. Bleu................... » 25

Boyce's city express post, 2 cents, ovale.

40. Vert.................... » 10

Boyd's city express post, 2 cents (aigle), ovale.

41. Rouge.................. » 10
42. Doré................... » 10

Même genre.

43. 1 cent noir sur violet.... » 10
44. 1   »   »   bleu..... » 10
45. 1   »   »   vert...... » 10
46. 2   »   »   vert...... » 10
47. 2   »   vert sur blanc... » 10
48. 2   »   doré sur blanc... » 10
49. 3   »   vert.......... » 10

Même genre.

50. 1 cent noir sur lilas..... » 10
51. 1   »   »   vert...... » 10
52. 1   »   »   violet.... » 10
53. 2   »   »   rouge.... » 10
54. 2   »   »   vermillon. » 10
55. 2   »   doré sur carmin... » 10
56. 2   »   »   blanc.... » 10
57. 2   »   »   vert...... » 10
58. 2   »   »   rouge.... » 10
59. 2   »   »   rose..... » 10
60. 2   »   »   bleu..... » 10

Brady et C°, one cent (boîte à lettres).

61. Rouge................. » 10

Brainard et C°, Albany. — TROY N.Y. 58 Wall. st. rond.

Neufs.

62. Noir.................. » 10
63. Bleu.................. » 10

C. et W. Bridge dispatch.

64. Doré sur jaune........... » 10
65.   »   rouge......... » 10
66.   »   vert.......... » 10

Briggs' paid dispatch, petit.

67. Doré sur rose.......... » 10

Broadway post office (locomotive).

68. Noir................... » 10

Brooklyn city exp. post (colombe), ovale.

69. 1 cent noir sur bleu.... » 10
70. 1   »   »   vert...... » 10
71. 2   »   »   ponceau.. » 10
72. 2   »   »   rose..... » 10

Brown et C°s, city post cents (grand chiffre).

73. 1 cent noir sur blanc.... » 15
74. 2   »   »   »   .... » 15

Brown et Gill's, U. S. P. O. dispatch (aigle).

75. Bleu.................. » 15

Carrier's dispatch, one cent (œil).

76. Rose.................. » 10
77. Rouge................. » 10
78. Bleu.................. » 10

G. Carters paid dispatch (petit).

79. Noir................. » 15

Central fair postage U. S., *sanitary commission (grand aigle).*

				Neufs.
80.	10 cent bleu	....	»	50
81.	20 » vert	....	»	50
82.	30 » noir	....	»	50

Central post-office.

83. 1 cent brun .... » 10

Cheeveret Towle, 7 State st. BOSTON *(lettres éparpillées.), rond.*

84. 2 cents bleu .... » 10
85. 2 »   rouge .... » 10

Chicago penny post (ruche).
86. Jaune .... » 10

City dispatch one cent delivery (Justice).

87. Noir .... » 10

City dispatch, post C. C. two. cents (effigie).

88. Rose .... » 10
89. Vert .... » 10

City letter express mail (écusson).
90. 1 cent. rouge .... » 10

City express post (grand chiffre).

				Neufs.
91.	1 cent noir	....	»	15
91 A	2 » bleu	....	»	15
91 B	2 » noir	....	»	15
91 C	2 » brun	....	»	15

City Winans' post (bombe ailée).

92. 2 cents blanc .... » 10
93. 5 »   jaune .... » 15
94. 10 »   vert .... » 15
95. 20 »   rouge .... » 15

Clark et C° (boîte à lettres).

96. 1 cent rose .... » 10
97. 1 »   bleu .... » 10

Clinton's penny post **Philadelphia.**

98. Noir .... » 10

Comp. franco-américaine **Gautier** *(vaisseau).*

99. Lie de vin .... » 10

Cornwell post-office. **Madison sq.** *(effigie).*

100. Rose .... » 25

Cresman et C°ˢ penny post. **Philadᵉ.**

101. Doré sur noir .... » 10
102. Doré sur rose .... » 10

Cumming's city post.

		Neufs.
103.	1 cents noir..........	» 10
103. a	2 noir sur bleu. » »	» 10
103. b	2 » vert... » » »	10
103. c	2 » rouge.. » » »	10

De Miny's penny post Frankford, petit.

104. Noir.................. » 10
105. Brun.................. » 10

Dupuy et Schenck (ruche) penny post.

106. Noir sur gris........... » 25

Eagle city post paid 80 Chemut st.

107. Noir................. » 10

« *Eagle city post.* » *Letters, etc., served four time daily, from Adam Express, etc., etc. (petit oblong).*

108. Noir sur jaune.......... » 10

East river P. O. (bateau à vapeur), 18 Ave D.

109. Vert.................. » 10

Essex letter express 2 cents (navire).

110. Rouge................ » 15

Le même, avec S. X.

111. Rouge................ » 15

Florida (homme à cheval), express.

112. Chamois.............. » 20
113. Bleu................. « 20
114. Rose................. « 20

Floyd's (effigie), penny post.

		Neufs.
115.	Noir..................	» 15
116.	Brun..................	» 15
117.	Rouge.................	» 15
118.	Rose..................	» 15
119.	Bleu..................	» 15
120.	Vert..................	» 15

Grafflin's (Baltimore), colonne.

121. 1 cent noir............. » 10
122. 1 » rouge.......... » 10

Gordon's (facteur), rond, petit.

123. 2 cents vert............ » 10
124. 2 » blanc........... » 10
125. 2 » rouge........... » 10
126. 2 » or sur blanc.... » 10
127. 2 » or sur rouge.... » 10

Hale et Cⁿ Boston (lettres éparpillées), octogone.

128. Bleu.................. » 10
129. Rouge................ » 10

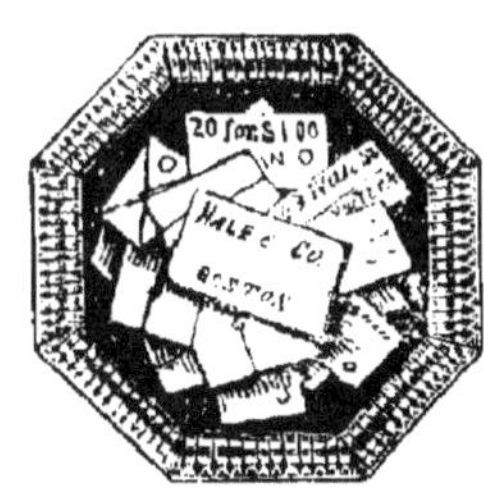 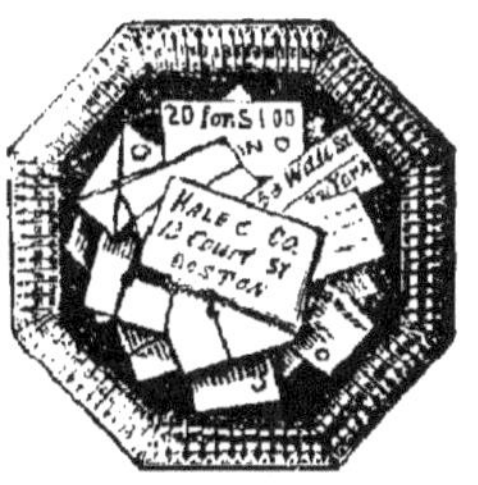

Le même, sans adresse.

130. Bleu.................. » 10
131. Rouge................ » 10

Hundford's pony express (courrier à cheval).

132. 2 cents jaune........... » 10

Harden's express Boston , New-Orléans (homme enjambant une contrée), rond.

Neufs.

133. Noir... » 25
134. Rouge... » 25

Hanley's express post.

135. 1 cent vert... » 10
136. 1 » noir... » 10

Honour's city post paid (chaines,) petit.

137. Noir... » 10
138. Bleu sur gris... » 10

Le même, cadre de perles, 2 cents.

139. Gris... » 10

Hourly express post, letter, stamp., losange.

140. Vert... » 10
141. Bleu... » 10
141. a noir sur vert... » » » 10
141. b » » bleu... » » » 10

Humboldt, express, Nevada territory, 25 cents (diligence).

142. Rouge... 1f »

Hussey's bank et insurance special message post. 1 cent delivery.

143. Bleu... » 10
144. Noir... » 10
145. Brun... » 10
146. Lilas... » 10
147. Rouge... » 10
148. Jaune... » 10
149. Vert... » 10

Même genre, one stamp. or cent, etc.

150. Rouge... » 10

Hussey's s. m. post. (Mercure sur un cheval).

Neufs.

151. 5 cent noir sur rouge... » 15
152. 10 » or sur vert... » 15
153. 15 » or sur noir... » 15
154. 25 » or sur bleu... » 15

International express.

155. 2 cents noir sur chair... » 10

Mr Intires, city express post (mercure).

156. 2 cent rose... » 25

Jenkin's Cambden dispatch (effigie).

157. Noir... » 10
158. Rouge... » 10
159. Bleu... » 10
160. Vert... » 10

Kers city post (effigie).

161. 2 cents bleu... » 10
162. 2 » rouge... » 10
163. 5 » bleu... » 10
164. 5 » rouge... » 10

Ker's city post (armes).

165. 1 penny vert... » 10
166. 3 » orange... » 10

Ker's city post.

167. 1 penny bleu... » 10
168. 1 » rouge... » 10
169. 1 » vert... » 10
170. 3 » rose... » 10

Letter express free (déesse du commerce).

171. Gris... » 10

Lincoln. Subscription. (Effigie de Lincoln.)

Neufs.

172. 2 cents rouge............ » 10
173. 3   »   vert............ » 10
174. 4   »   rose .... » 10
175. 5   »   bleu............ » 10
176. 10 »   jaune............ » 10
177. 12 »   bleu............ » 10

Menant et C° express post, 21 conti street.

178. Rouge................ » 10

Messenkopes union square post off. (fontaine).

179. Vert................ » 10

Metropolitan. Errard et Carrier (écusson).

180. 1 cent bleu............ » 25
181. 5   »   »   .... » 50
182. 10 »   bleu .... » 50
183. 20 »   »   .... » 50
184. 1   »   brun............ » 25
185. 5   »   »   .... » 50
186. 10 »   »   .... » 50
187. 20 »   »   .... » 50

Même genre, enveloppe en relief.

188. 2 cents rouge sur jaune. » 25

Metropolitan P. O. 13 american Bible house, relief.

189. Bleu................ » 25
190. Rouge................ » 25
191. Brun................ » 25

Metropolitan P. O. express to mali one cent, écusson en relief.

192. Rouge................ » 25
193. Bleu................ » 25

G. A. Mills free dispatch post.

194. Vert................ » 10

Money Package, american express from kilburn city Wis.

195. Rouge................ » 10

Mood's penny dispatch, Chicago.

196. Rouge................ » 10

New-Jersey express C° (tête de cheval), ovale relief.

197. Vert sur jaune............ » 25

New Jersey, Express C°.

Neufs.

197a Noir sur jaune... » 15 » »

One cent dispatch Washington (courrier moyen âge).

198. Rouge................ » 25
199. Bleu................ » 25
200. Violet................ » 25

Le même sans Washington.

201. Rouge .... » 25
202. Bleu................ » 25
203. Violet................ » 25

Paid eagle post at Adams express, petit.

204. Rouge................ » 10
205. Bleu................ » 10

Pomeroys (buste de femme).

206. Noir................ » 25
207. Bleu................ » 25
208. Jaune................ » 25
209. Brun................ » 25

Pomeroy et Cos, Express

209a Noir sur brun.... » 15 » »
209b Noir sur blanc.... » 15 » »

Post office, one cent dispatch, petit.

Neufs.

210. Bleu...................... » 10
211. Rouge..................... » 10
212. Bronze.................... » 10

Price city express (buste).

213. Rouge.................... » 25
214. Vert..................... » 25

Le même, plus petit.

215. Rouge.................... » 25
216. Vert..................... » 25

Priest's paid dispatch, petit.

217. Noir sur blanc........... » 10
218. Jaune.................... » 10
219. Rose..................... » 10
220. Bleu.................... » 10

Providence, île de Rhodes.

221. Gris.................... » 25

Roadman's penny post (chaînes).

222. Rose.................... » 10

Mc Robish et Cᵒ, Acapulco San Francisco line.

223. 1 real b'eu............. » 25
224. 1 » rouge............. » 25
225. 1 » vert.............. » 25
226. 1 » doré.............. » 25

Robison et Cᵒ, one cent (lettres).

227. Bleu.................... » 15
228. Rouge.................. » 15

Royal insurance Comp. (écusson en relief), ovale.

229. Bleu.................... » 25

Russel post office, 8 th. AVE (effigie).

Neufs.

230. Jaune.................... » 10
231. Bleu.................... » 10
232. Rose.................... » 10
233. Vert.................... » 10
234. Vert sur vert.......... » 10

OFFICES PARTICULIERS D'AMÉRIQUE

SAINT-LOUIS, *imprimés noir.*

235. 5 cents gris vert. » 25 » »
236. 10 » blanc.... » 25 » »

Smith's city, express post, oblong.

237. 2 cents vert............ » 10

Même genre.

238. 2 cents vert............ » 10

Souter et Cᵒ (colombe).

239. 1 cent lilas........... » 10
240. 2 » rouge......... » 10

Spence et Browns express (cavalier).

241. Noir.................... » 10

Squiers et Cᵒ city letter dispatch (colombe).

242. 1 cent vert............ » 10

	Neufs.
243. 1 cent lilas	» 10
244. 1 » brun	» 10
245. 1 » rose	» 10
246. 2 » rouge	» 10
247. 2 » vert	» 10

W. Stait, etc., oblong.

248. Jaune .... » 10

Staten Island paid, expr. post, obl.

249. 3 cents rouge .... » 10

Steinmeyer's city post paid.

250. 2 cents bleu	» 10
251. 2 » vert	» 10
252. 2 » rose	» 10
253. 2 » jaune	» 10

Stringer et Morton's city, oblong.

254. Brun .... » 10

SWARTS dispatch (effigie).

255. Noir	» 10
256. Rouge	» 10
257. Rose	» 10

Même genre, plus grand.

258. Rouge .... » 25

SWARTS for U. S. mail one cent pre paid.

259. Bleu .... » 10

Tesse et Cᵒ penny post. Philadᵗ.

260. Bleu	» 10
261. Rouge	» 10
262. Bleu sur gris	» 10

To the post office. Johnson's box (écusson).

263. Noir .... » 10

Union Square P. O.

264. 2 cents noir sur rose .... » 10

Même genre.

265. 1 cent noir sur vert ... » 10

U. S. Mail pre paid, rond.

	Neufs.
266. 1 cent jaune	» 10
267. 1 » brun	» 10
268. 1 » rose	» 10
269. 1 » jaune glacé	» 10

U. S. P. O. pai l. 1 c., petit carré.

270. Noir	» 10
271. Bleu	» 10
272. Or sur noir	» 10

U. S. P. O. paid, L. 1 cent, P. petit carré.

273. Rose .... » 10

U. S postage, grands ronds, coul. sur papier chamois.

274. 12 cents bleu	» 50
275. 12 » rouge	» 50
276. 12 » vert	» 50
277. 20 » bleu	» 50
278. 20 » rouge	» 50
279. 20 » vert	» 50
280. 24 » bleu	» 50
281. 24 » rouge	» 50
282. 24 » vert	» 50
283. 40 » bleu	» 50
284. 40 » rouge	» 50
285. 40 » vert	» 50

Utah-postage, octogone (effigie).

286. 5 cents rose .... » 25

Warwick's 2 cent city dispatch post.

287. Jaune	» 10
288. Rouge	» 10

Le même, avec chaînes.

289. 2 cents jaune .... » 10

Le même, filets.

290. 2 cents chair .... » 10

Wells fargo et Cᵒ, 1/2 oz. (jarretière petit, rond.

291. 6 cents chair	» 10
292. Bleu	» 10

Wells fargo et Cᵒ, one news paper, California routes, oblong.

293. Bleu .... » 25

Wells fargo et C°, pony express (cavalier).

Neufs.

294. 1 dollar rose........... 1f »
295. 2 » rose........... 1f »
296. 2 » noir........... 1f »
297. 2 » vert........... 1f »
298. 4 » vert........... 2f »
299. 4 » noir........... 2f »

Même genre.

300. 10 cents 1/2 oz. brun.... 1f »
301. 25 » vert bleu 1f »

Wells fargo et C°, grandes lettres traversées par: 1/2 ounce paid from San Joseph to Placeville per pony express
302. Rose................. 2f »

Westervelt's post Chester N. Y.

303. Rouge sur chair......... » 10
303. *a* » sur blanc......... » 10
303. *b* vert sur bleu......... » 10
303. *c* bleu sur lilas......... » 10
303. *d* noir sur jaune........ » 10

Whittleley's express (effigie).
304. 2 cents rouge.......... » 15

W. Wyman 8 court st. (chemin de fer).

305. Noir................... » 10

FERNANDO-PO (Afrique).

1868. Type des timbres de Cuba de 1868, FERNANDO-PO en haut.

Neufs.Oblitér.

1. 20 cent. de esc. brun. » » » »

FINLANDE.

1845. Grand ovale, lion, Ponto-Stampel, imp. sur papier vergé.
1. 10 kop. rose...... 16f » » »
2. 20 » verdâtre... 10f » » »
On trouve deux variétés de ce type.

1856. Ovale en largeur, lion, couleur sur blanc.

3. 5 kop. bleu...... » » 5f »
4. 10 » rose...... » » 3f »
4 *b* 20 » vert noir.. » » 6f »

1860. Carré, lion, coul. sur papier teinté, dentelés en serpentin.

5. 5 kop. bleu...... 1f » » 50
6. 5 » bleu foncé. » 75 » »
7. 10 » rose...... 1f 50 » »
8. 10 » rose vif... 1f » » 50

1866. *Même type.*

Neufs. Oblitér.
9. 5 penni brun s. lilas » 50 » »
9a 5 » lie de vin... » 25 » »
33. 8 » vert...... » 25 » »
10. 10 » noir s. cham. » 25 » »
11. 20 » bleu....... » 50 » 25
12. 40 » rose...... 1f » » 25
34. 1 mark bistre...... 2f 50 » »

1866. *Ovale (pour Helsingfors).*

13. 10 penni ve t et rose » 50 » »
13a 10 » bistre et bleu » 25 » »

1846. *Ovale, pour Tammerfors.*

14. 12 penni vert et bleu » 35 » »

ENVELOPPES.

Types des timbres.

1845. Grand ovale, PORTO-STAMPEL.
15. 10 kop. rose...... » » 7f »
16. 20 » verdâtre... » » 7f »

Les mêmes, réimprimées.

17. 10 kop. rose...... 5f » » »
18.-20 » noir...... 5f » » »

1850. *Ovale oblong, lion.*

19. 5 kop. bleu....... 5f » 3f »
20. 5 » bleu clair.. » » 3f »
21. 10 » rose....... » » 1f »
22. 10 » rose clair.. » » 1f »
23. 20 » noir vert..... 8f » » »

1860. *Carré, lion, fond ondulé.*

24. 5 kop. bleu foncé
(ond. larges)...... » 50 » »
25. 5 kop. bleu cl.(ond.
large)s.... » 50 » »

Neufs. Oblitér.
26. 5 » bleu (ondul.
serrées)... 1f » » »
27. 10 » rose....... 1f » » »

1860. *Enveloppes à deux timbres.*

28. 10 kop. de 1845 s. la
patte et 10 k. ac-
tuel sur la face. » » » »
29. 20 kop. de 1845 s. la
patte et 10 k. ac-
tuel sur la face. » » » »
30. 5 kop. de 1850 s. la
patte et 5 k. ac-
tuel sur la face. 5f » » »
31. 10 kop. de 1850 s. la
patte et 5 k. ac-
tuel sur la face . 5f » » »
32. 20 kop. de 1850 s. la
patte et 10 k. ac-
tuel sur la face. » » » »

FRANCE.

1849-50. RÉPUBLIQUE. *Tête de Liberté.*

1. 10 cent. jaune...... » » » 75
2. 10 » jaune bis're 2f » » 50
3. 15 » vert........ » » » 50
4. 20 » noir....... 1f » » 05
5. 25 » bleu....... » » » 05
6. 25 » bleu foncé.. » 75 » 10
7. 40 » orangé..... 3f » » 35
8. 1 franc rouge orangé » » 15f »
9. 1 » carmin..... 4f » » 50
10. 1 » brun....... » » » 50
11. 1 » brun tr.-foncé » » 1f »

1852. PRÉSIDENCE.

12. 10 cent. jaune..... 6f » » 75
13. 25 » bleu...... 4f » » 05

1853-64. EMPIRE. *Non dentelés.*

14. 1 cent. olive........ » » » 10
15. 5 » vert foncé... » » » 25
16. 5 » vert........ » » » 10
17. 10 » bistre....... » » » 05
18. 10 » jaune....... » » » 10
19. 10 » jaune clair.. » » » 10
20. 10 » jaune très-
pâle....... » » » 25
21. 20 cent. bleu foncé. » » » 10
22. 20 » bleu pâle... » » » 05
23. 25 » b'eu........ » » » 15
24. 40 » rouge....... » » » 10

Neufs. Oblitér.

```
25. 40  » orange......   »   »   » 05
26. 80  » carmin......   2f  »   » 25
27. 80  » rose ........  »   »   » 10
28. 1 franc carmin...... »   »   2f50
```

1862. *Les mêmes, piq.* 13 1/2, 14.

```
29. 1 cent. olive.......  » 10   »   »
30. 5  »   vert ........  » 25   » 10
31. 5  »   vert clair....  » 15   » 05
32. 10 »   bistre.......  » 25   » 05
33. 10 »   jaune........  » 50   » 15
34. 25 »   bleu ........  » 50   » 15
35. 20 »   bleu pâle...   » 40   » 05
37. 40 »   orangé vif...  » 75   » 15
38. 40 »   orangé pâle..  » 80   » 05
39. 80 »   rose ........  1f25  » 10
```

1861. On trouve quelques timbres
piq. 7 (larges trous), par MM. Susse, et
aussi, mais plus rarement des percés
en ligne.

**1862. *Réimpression des anciens
timbres à la Monnaie de Paris.***

RÉPUBLIQUE.

```
40. 10 cent. jaune......  3f  »  »  »
41. 15 »   vert ........  3f  »  »  »
42. 20 »   noir........   2f  »  »  »
43. 20 »   bleu .......   5f  »  »  »
44. 25 »   bleu .......   2f  »  »  »
45. 40 »   orange....     3f  »  »  »
46. 1 franc carmin.....   3f  »  »  »
```

PRÉSIDENCE.

```
47. 10 cent. jaune......  3f  »  »  »
48. 25 »   bleu .......   3f  »  »  »
```

EMPIRE.

```
49. 25 cent. bleu ......  3f  »  »  »
50. 1 franc carmin.....   4f  »  »  »
```

**1863, 66-67. *Effigie laurée de l'em-
pereur, piq.* 13 1/2, 14.**

```
51. 1 cent olive........  » 05   »   »
52. 2 »   marron.....    » 05   »   »
53. 4 »   gris perle...  » 10   »   »
54. 4 cent. gris pâle....  » 05   »   »
55. 5 »   ? ........     »  »    »   »
56. 10 »   jaune......   » 15   »   »
57. 20 »   bleu ........  » 25   »   »
58. 30 »   brun.......   » 35   »   »
59. 40 »   orange.....   » 50   » 10
60. 80 »   rose ........  » 90   » 10
```

**1869. *Même effigie, grand format
oblong, piq.***

```
61. 5 francs lilas......  5f50   »   »
```

1859. CHIFFRES-TAXE.

```
62. 10 cent. noir (lithogr.) 1f  »  »  »
63. 10  »   noir (typogr.)  » 25   » 15
64. 15  »   noir (typogr.)  » 25   » 15
65. 15  »    »     per. li.  » 35   »  »
```

TIMBRES FISCAUX
affranchissant les journaux.

1857-68. *Justice dans un rond,
imprimé en rouge sur les journaux.*

NOTA. Les noirs n'affranchissent pas.

```
66. Pour Paris, 6 c.,
    1857...........   » 05   »   »
67. Départements, 3 c.,
    1857...........   r 05   »   »
68. Paris, 5 c., 1868..  » 05   »   »
69. Départements, 2 c.,
    1868...........   » 05   »   »
```

**1868. *Timbres adhésifs, même usage
que les précédents, rectangulaires,
armoiries, coul. sur blanc, non
dent. ou piq.* 13.**

```
70. 2 cent. violet....  » 05   »   »
```

71. 2 cent. (4 c.) bleu   » 10   »   »
72. 2   »   (6 c.) rose   » 15   »   »

TIMBRES DE TÉLÉGRAPHE.

1868. *aigle, coul. sur blanc*

Neufs. Oblitér.

73. 25 cent. carmin....   » 0   »   »
74. 50   »   vert,......   1f   »   »   »
75. 1 franc chamois....   1f 75   »   »
76. 2   »   violet.....   3f   »   »   »

Les mêmes, dentelés.

ESSAI.

ESSAIS.

ESSAIS.

1852. Imprimés en couleur sur papier chimique altérable par l'eau; deux types: 1º copie du timbre de la République, effigie à droite. — 2º (dit de Cayenne), effigie du prince président. Couleurs diverses, chacun 1 fr. 50.

*Essais ayant figuré à l'*EXPOSITION DE 1867 :

1º *Copie du type de 1853, taille douce, bleu clair.*   2f   »   »   »
2º Même genre, effigie laurée, légende NAPOLÉON III, EMPEREUR, *typographie, coul. sur blanc, rose, bleu, noir.*   1f   »   »   »

Gravés par M. Barre (très-rares).

1866. ESSAIS DE M. LÉNARD.

1er *type, imprimé à deux teintes et dans les couleurs des timbres en cours :*

A. olive, B. marron, C. gris perle, D. vert, E. jaune, F. bleu, G. brun, H. orangé, I. rose, chacun..   50 c.

Même type en relief et couleur.

J. rouge, K. vert, L. orange, M. bleu, N. brun, O. rose, chacun :   »   50

2e *type, en relief et couleur.*

Z. rouge, P. bleu, Q. vert, R. orange, S. rose, T. brun, chacun...   50 c.

1866. *Type carré, imprimé en coul.*

Neufs. Oblitér.

U. jaune, V. rose, X. vert, Y. bleu, chacun...............   50 c.

GAMBIE.

1869. *Effigie de Victoria, relief et coul. sur blanc.*

Neufs. Oblitér.
1. 4 pence brun..... 1f25 » »
2. 6 » bleu...... 1f75 » »

GRANDE-BRETAGNE.

1840-58. *Effigie de la reine, couronne en filigrane.*

1. 1 penny noir...... » » » 25
2. 1 » noir VR en haut..... 50f » » »
3. 2 pence bleu(sans ligne blanche sous le mot POSTAGE).. » » » 50
4. 1 penny rouge(papier bleu)..... » » » 10
5. 1 » brun (papier bleu)..... » » » 10
8. 2 » bleu(papier blanc).... » » » 10

Les mêmes, piq. 16 et 14.

10. 1 penny brun(papier bleu).... » » » 10

Neufs. Oblitér.
11. 1 penny brun (papier blanc)..... » » » 50
12. 1 » rouge (pap. blanc).... » » » 05
13. 1 » rouge (lettre en haut... » » » 05
14. 2 pence bleu (let. en haut), petit 7 à droite et à gauche).. » » » 50
15. 2 » bleu (lettre en haut),p. 8 à droite et à gauche » » » 25
16. 2 » bleu (lettre en haut),p. 9 à droite et à gauche » » » 05

1842. *Octogone relief et couleur.*

17. 6 pence violet..... » » » 25
18. 10 » brun...... » » » 50
19. 1 shill. vert...... » » » 50

1855-56. *Effigie, types divers, ornements aux angles, papier glacé, piq. 14.*

 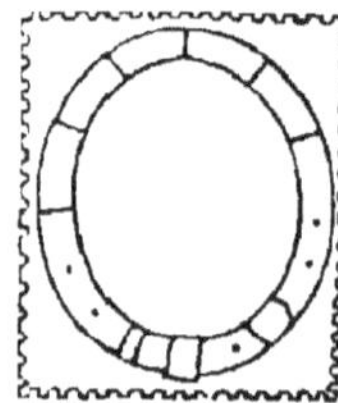

20. 4 pence rose...... » » » 10
20b 4 » rose (pap. b eulé)... » » » 25
21. 6 » violet..... » » » 10
22. 1 shill. vert....... » » » 15

1862. *Les mêmes, petites lettres aux quatre angles.*

23. 3 pence rose...... » » » 10
24. 4 » rouge..... » » » 05
25. 6 » violet..... » » » 05
26. 9 » bistre..... » » » 50
27. 1 shill. vert....... » » » 10

1864. *Les mêmes, grandes lettres aux quatre angles.*

Neufs. Oblitér.

28. 3 pence rose...... » 50 » 10
29. 4 » rouge..... » 60 » 05
30. 6 » violet..... 1f » » 05
31. 9 » bistre..... 1f50 » 25
32. 1 shill. vert...... 1f75 » 10

1867. *Les mêmes, rose en filig.*

77. 3 pence rose vif.... » 50 » »
78. 6 » violet vif.. 1f » » »

79. 1 shil. vert vif..... 1f75 » »
74. 10 pence brun..... 1f50 » 50
75. 2 shil bleu...... 3f50 » 50

76. 5 shil rose, croix en filigrane.. 7f25 » 50

ENVELOPPES.

1049-1840. *Enveloppes franches de port, portant la signature d'un membre du parlement et ce timbre :*

00. FREE rouge....... » » 3f »

1840. *Vignette au trait sur toute l'enveloppe, par Mulready.*

(Voir la gravure au commencement du Catalogue.)

Neufs. Oblitér.

33. 1 penny noir, forme lettre.... 6f » 5f »
34. 1 » noir, forme enveloppe. 10f » » »
35. 2 pence bleu, forme lettre.... 7f » » »
36. 2 » bleu, forme enveloppe. 7f » » »

1841. *Ovale, relief et couleur, sans millésime, Dick*

37. 1 penny rose...... 1f » » 25
38. 2 pence bleu...... 1f50 » »
39. 2 » bleu foncé. 2f » » »

1856-58. *Même effigie, types divers, millésime, papier blanc.*

40. 1 penny rose...... » 25 » 10
41. 2 pence bleu...... » 50 » 25
42. 3 » carmin... » 75 » 50

43. 4 » rouge..... 1f » » »
44. 6 » violet..... 1f50 » »

45. 1 sh. vert........ 2f50 » »

Mêmes timbres, sur papier teinté.

Neufs. Oblitér.

A. papier rose......
B.   »   bleu...... } Mêmes
C.   »   jaune..... } prix.
D.   »   lilas......

ENVELOPPES DOUBLES.

```
46.  5 p. (4 et 1 p. réunis)  1f25   »   »
47.  5 »  3 et 2 p.    »    ) 1f25   »   »
48.  7 »  6 et 1 p.    »    ) 1f75   »   »
49.  7 »  4 et 3 p.    »    ) 1f75   »   »
50.  8 »  4 et 4 p.    »    ) 2f     »   »
51.  9 »  6 et 3 p.    »    ) 2f25   »   »
52. 10 »  6 et 4 p.    »    ) 2f25   »   »
52a  1 sh. et 1 p.     »      3f     »   »
53.  1  »  et 2 p.     »      3f     »   »
54.  1  »  et 3 p.     »      3f25   »   »
55.  1  »  et 4 p.     »      3f50   »   »
55b  1  »  et 6 p.     »      3f75   »   »
55c  2  »  1 et 1 sh.  »      5f     »   »
```

Mêmes timbres, sur papier teinté.

A. papier rose........
B.   »   bleu........ } Mêmes
C.   »   jaune....... } prix.
D.   »   lilas........

ENVELOPPES PARTICULIÈRES.

Timbre-enveloppe du gouvernement encadré d'adresses particulières, en relief et de même couleur.

```
56.  1 penny rose V. H.
         SMITH et
         SON....   »   »   »  20
57.  2 pence bleu......  »   »   »  25
58.  3   »   carmin....  »   »   »   »
59.  4   »   rouge.....  »   »   »   »
60.  6   »   violet.....  »   »   »   »
61.  1 shill. vert......  »   »   »   »
```

Il existe du même genre les suivantes :

```
62.  Smith. Elder et Co.  »   »   »   »
63.  Borne et Son......   »   »   »   »
64.  Stafford  Smith  et
         Smith, 2 p. bleu.  »   »   »   »
65.  Grindlay et Co....   »   »   »   »
66.  Workman.........     »   »   »   »
67.  G. Prior.........    »   »   »   »
68.  S. Norton.......     »   »   »   »
69.  J. F. Pawson.....    »   »   »   »
70.  S. Alsoop et Co.....  »   »   »   »
         Etc., etc.
```

ENVELOPPES DE RETOUR.

Timbre ovale à la patte de l'env.

Neufs. Oblitér.

```
71.  Rouge sur blanc....  1f50   »   »
72.  Rouge sur bleu....   1f50   »   »
```

ENVELOPPES DE FRANCHISE DU
Post-Office.

```
73.  Timbre ovale rouge.  » 50   »   »
```

ESSAIS.

PRINCE ALBERT.

COMPAGNIES PARTICULIÈRES.

Timbres de journaux,

ABERDEEN.

Armes, couleur sur blanc, piq. 13.

```
1.  1 farthing orange..  » 15   »   »
2.  1/2 penny bleu ...   » 15   »   »
```

CLARK ET Co

Fond rayé.

```
3.  1/2 penny bleu....   » 15   »   »
```

DUNDEE.
Armes (vase à fleurs).

Neufs.Oblitér.
4. 1 fart. rose........ » 15   »   »
5. 1/2 pen. rouge.... » 15   »   »

EDINBURG ET LEITH.
Piq. perc. ou non.

6. 1 fart. rose .... » 15   »   »
7. 1 »   vert.......... » 15   »   »
8. 1 »   lilas......... » 15   »   »

Même type, adresse en bas.

9.   » jaune.......... » 15   »   »
10. » rouge......... » 15   »   »
11. » brun.......... » 15   »   »

Même type plus petit.

12. » brun.......... » 15   »   »
13. 1 fart. violet...... » 15   »   »
14. 1/2 pen. vert...... » 15   »   »

EDINBURG ET LEITH.
Voiture.

15. 2 pence jaune..... » 25   »   »
16. 3 »   rouge..... » 25   »   »

EDINBURG ET LEITH.
12 *Elder Street.*

Neufs.Oblitér.
17. noir sur jaune..... » 25   »   »

Express, Parcels delivery C°.
Voiture.

18. 1 penny rouge..... » 25   »   »

GLASGOW.
Arbre.

19. 1 fart. noir........ » 15   »   »
20. 1/2 pen. rouge.... » 15   »   »

LIVERPOOL.
Autruche. piq. 13.

21. 1   fart. brun .... » 15   »   »
22. 1/2 pen. violet.... » 15   »   »

LONDON.

Armes, piq. 12.

23. 1 fart. bleu....... » 15   »   »
24. 1/2 pen. violet.. . » 15   »   »

LONDON

And districts, même type.

25. 1 fart vert........ » 15   »   »
26. 1/2 pen. rose...... » 15   »   »

METROPOLITAN
Armes, piq. 11 1/2.

27. 1   fart. rose..... » 15   »   »
28. 1/2 pen. orange... » 15   »   »

NATIONAL
Armes d'Angleterre, piq. 13.

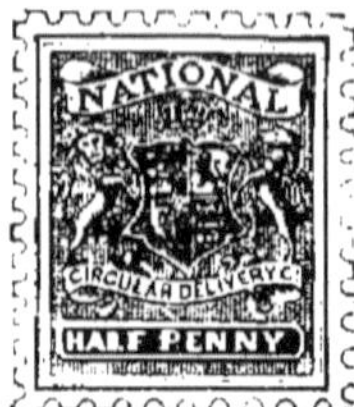

Neufs. Oblitér.

29. 1 fart. vert........ » 15 » »
30. 3 » jaune....... » 15 » »
31. 1/2 pen. bleu..... » 15 » »
32. 1 » rose..... » 15 » »

Même genre, plus grand.

33. » vert..... » 15 » »
34. » bleu..... » 15 » »
35. » rose..... » 15 » »
36. » violet.... » 15 » »

ABERDEEN, *couleur sur blanc.*

37. 1 fart. vert...... » 15 » »
38. 3 » lilas...... » 15 » »
39. 1/2 pen. bleu...... » 15 » »
40. 1 » rouge..... » 15 » »

BIRMINGHAM, *couleur sur blanc.*

41. 1 fart. vert...... » 15 » »
42. 3 » lilas...... » 15 » »
43. 1/2 pen. bleu...... » 15 » »
44. 1 » rouge..... » 15 » »

LIVERPOOL, *couleur sur blanc.*

45. 1 fart. vert...... » 15 » »
46. 3 » lilas...... » 15 » »
47. 1/2 pen. bleu...... » 15 » »
48. 1 » rouge..... » 15 » »

MANCHESTER, *couleur sur blanc.*

Neufs. Oblitér.

49. 1 fart. vert...... » 15 » »
50. 3 » lilas...... » 15 » »
51. 1/2 pen. bleu...... » 15 » »
52. 1 » rouge..... » 15 » »

Il existe encore en grand nombre des timbres d'offices particuliers pour les journaux transportés par les différentes compagnies de chemins de fer: *Great Eastern Railway*, *North Eastern Rʸ*, *Caledonial Rʸ*, *Scottish Rʸ*, etc.

GRÈCE.

1861. *Tête de Mercure, impression de la Monnaie de Paris, très-soignée.*

1. 1 lept. marron.... » » » 50
2. 2 » bistre...... » » » 50
3. 5 » vert....... » » » 50
4. 10 » rouille sur bleu... . » » 1ᶠ »
5. 20 » bleu..... . » » » 75
6. 40 » violet sur bleu...... » » » 75
7. 80 » carmin..... » » » 50

1862. *Mêmes timbres, imprimés en Grèce, tirage plus épais.*

8. 1 lept. chocolat.... » 25 » »
9. 1 » chocolat clair » 10 » 05
10. 2 » bistre....... » 10 » 05
11. 2 » bistre pâle.. » 15 » »
12. 5 » vert foncé... » 25 » »
13. 5 » vert........ » 15 » »
14. 10 » rouilles. bleu » 25 » 10
15. 10 » jaunes .bleu » 50 » 25
16. 20 » bleu........ » 50 » 10
17. 20 » bleu foncé.. » 50 » 25
18. 40 » violets.bleu. » 75 » 15
19. 40 » lie de vin, id. » 75 » 25
20. 80 » carmin...... 1ᶠ » » 10
21. 80 » rose........ 1ᶠ » » 10

ESSAI.

Neufs. Oblitér.

A. bleu, carmin, rouge, vert, noir,
brun, marron, jaune, chacun » 25

GRENADE (Ile).

1860. *Effigie de la reine, coul. sur
blanc, sans filigrane, piq. 15.*

1. 1 penny vert...... » 50 » »
2. 6 pence rose...... 3f » » »

Les mêmes, étoile en fil. piq. 14,15.

3. 1 penny vert...... » 25 » »
4. 6 pence rose...... 1f 75 » 75
5. 6 pence rouge...... 1f 50 » 50

GUATEMALA.

Timbre de fantaisie?

GUYANE ANGLAISE.

1849. *Valeur dans un rond, noir
sur couleur.*

Neufs. Oblitér.

1. 4 cents jaune..... 50f » » »
2. 8 » vert....... 50f » » »
3. 12 » bleu....... 50f » » »

1850. *Vaisseau dans un grand carré,
noir sur couleur.*

4. 4 cents bleu....... 50f » » »
5. 4 » rouge...... 50f » » »

1851. *Même genre, carré en
hauteur.*

6. 1 cent magenta.... 50f » » »
7. 4 » bleu foncé.. 50f » » »

Les mêmes, piq. 13. (réimp.).

8. 1 cent magenta.... 4f » » »
9. 4 » bleu foncé.. 4f » » »

1853. *Vaisseau à gauche*, 1.8.5.3 *dans les angles, coul. sur blanc.*

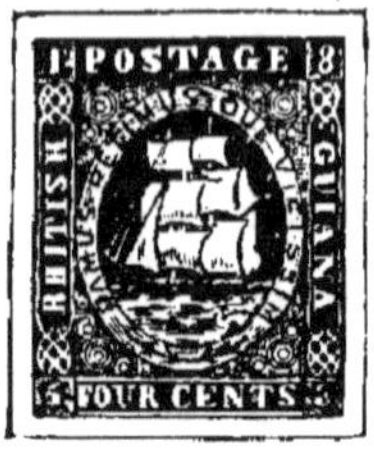

			Neufs.		Oblitér.	
10.	1 cent	rouge......	»	»	10f	»
11.	1 »	brique.....	»	»	10f	»
12.	4 »	bleu.......	»	»	10f	»

Les mêmes, piq. 13 *(réimp.).*

13.	1 cent	rouge.....	3f	»	»	»
14.	4 »	bleu.......	3f	»	»	»

1860. *Vaisseau à droite, couleur sur blanc*, 1.8.6.0 *dans les angles, piq* 12, 13.

15.	1 cent	rose........	»	»	5f	»
16.	1 »	rose (réimp.)	1f	»	»	»
17.	1 »	rouge brun.	»	»	3f	»
18.	1 »	brun foncé.	»	»	3f	»
19.	1 »	noir.......	»	15	»	»
20.	2 »	orange....	»	25	»	»
21.	4 »	bleu.......	»	50	»	»
22.	4 »	bleu vert..	»	»	»	50
23.	8 »	rose.......	1f	»	»	50
24.	8 »	rose pâle..	1f	»	»	50
25.	12 »	gris.......	1f	50	»	50
26.	12 »	lilas.......	1f	25	»	50
27.	24 »	vert.......	3f	»	1f	»
28.	24 »	vert jaune..	»	»	1f	»

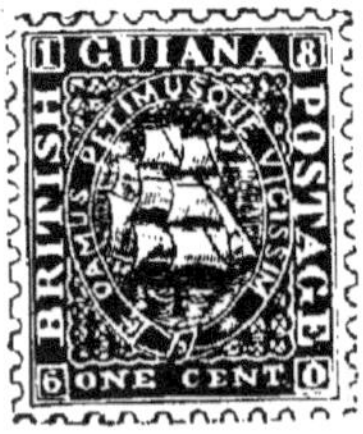

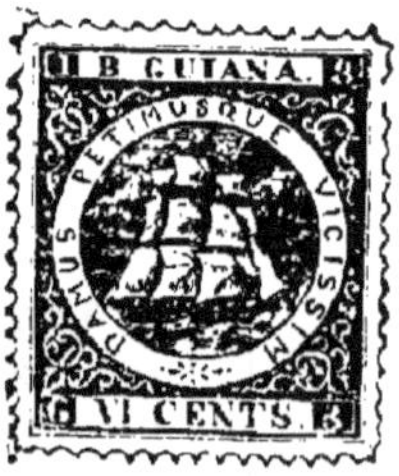

1863. *Vaisseau, type plus grand*, 1.8.6.3 *dans les angles, couleur sur blanc, piq.* 12, 13.

29.	6 cents	bleu.......	1f	50	»	»
30.	6 »	bleu vert...	1f	»	»	»
31.	24 »	vert.......	3f	»	»	»
32.	24 »	vert jaune..	2f	50	»	50
33.	48 »	rose.......	4f	»	»	»
34.	48 »	rouge......	4f	»	»	50

1862. *Timbres provisoires* (dits de journaux), *noir sur couleur.*

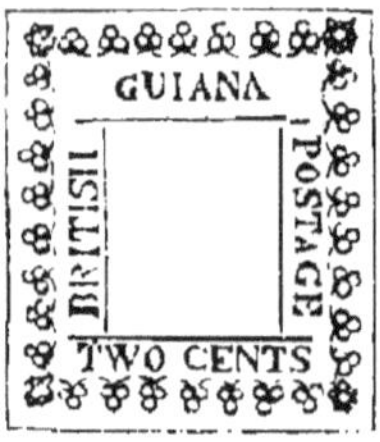

				Neufs.		Oblitér.	
35.	1 cent	rose..	de 1f à 5f	»	»	»	
36.	2 »	jaune	de 1f à 5f	»	»	»	
37.	3 »	bleu.	de 1f à 5f	»	»	»	

On connait 7 encadrements différents :

No 1. 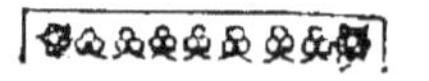

No 2. 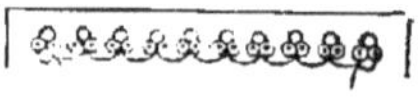

No 3. 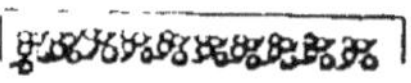

No 4. 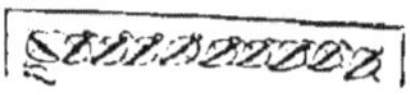

No 5. 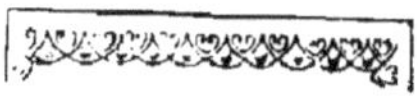

No 6. 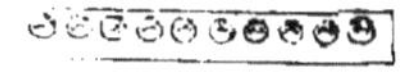

No 7. 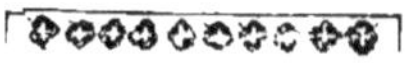

HAMBOURG.

1859. *Chiffre et armoiries, couleur sur blanc, ligne en filig.*

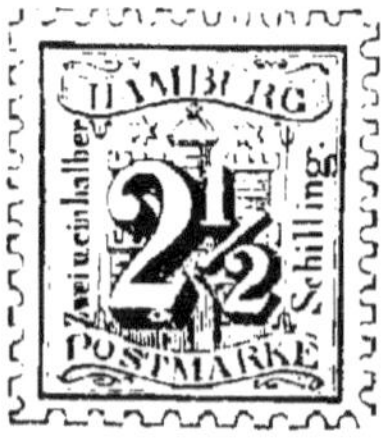

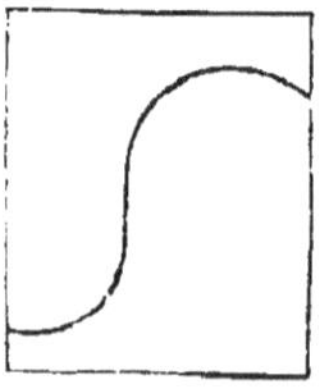

1.	1/2 sch.	noir......	»	35	»	»
2.	1 »	brun......	»	35	»	»
3.	1 1/4 »	gris......	»	35	»	»
4.	1 1/4 »	violet pâle	»	35	»	»
5.	1 1/4 »	violet vif..	»	35	»	»
6.	2 »	rouge.....	»	75	»	»
7.	2 1/2 »	vert......	»	75	»	»
8.	3 »	bleu......	»	75	»	»
19 b	3 »	bleu ciel..	»	50	»	»
9.	4 »	vert......	1f	»	»	»

			Neufs.	Oblitér.
10. 7 sch.	orange....	2f »	» 75
11. 9 »	jaune.....	2f »	» »

Les mêmes, piq. 13 1/2.

12. 1/2 sch.	noir......	» 10	» 05
13. 1 »	brun....	» 15	» 10
14. 1 1/4 »	lilas.....	» 35	» »
15. 1 1/4 »	violet....	» 25	» 15
16. 2 »	rouge....	» 25	» 15
17. 2 1/2 »	vert (lith.)	» 35	» »
17 a 2 1/2 »	vert clair.	» 35	» »
17 b 2 1/2 »	vert grav.)	» 35	» »
18. 3 »	bleu.....	» 75	» »
19. 3 »	bleu ciel.	» 30	» 20
20. 4 »	vert.....	» 30	» 20
21. 7 »	orange...	1f50	» »
22. 7 »	violet....	» 50	» 25
23. 9 »	jaune....	» 75	» 50

La série de 11 valeurs. 3f » 2f »

1866. Même genre, octogone, en relief, piq. li.

| 24. 1 1/4 sch. | violet.. | » 50 | » » |
| 24 b. 1 1/2 sch. | carmin | » 15 | » » |

1868. Type de la confédération allemande, couleur sur blanc perc. li.

| 159. » | violet brun... | » 25 | » » |

ENVELOPPES.

1866. Relief et coul. s. blanc. comme les timbres.

25. 1/2 sch.	noir.....	» 10	» »
26. 1 1/4 »	lilas.....	» 50	» »
27. 1 1/2 »	carmin ..	» 25	» »
28. 2 »	orange...	» 35	» »
29. 3 »	bleu.....	» 35	» »
30. 4 »	vert.....	» 50	» »
31. 7 »	violet....	» 75	» »

Les mêmes, avec tour en filigrane.

MANDATS DE POSTE.

Type de 1866, sur carte bleue.

| 162. 3 sch. | bleu..... | » 50 | » » |
| 163. 4 » | vert..... | » 75 | » » |

TIMBRE DE RETOUR.

		Neufs.	Oblitér.
160. rond noir........	1f »	» »

TIMBRE DE FRANCHISE DE LA DIRECTION GÉNÉRALE DES POSTES. — *Armoiries en relief.*

| 161. Rond festonné rouge .... | » 50 | » » |

1861.   OFFICES PARTICULIERS.

INSTITUT HAMBURGER BOTEN.

C. HAMER ; 1/2 au centre, noir sur couleur.

32. 1/2 sch.	bleu.....	» 10	» »
33. 1/2 »	citron...	» 10	» »
34. 1/2 »	rose.....	» 10	» »
35. 1/2 »	jaune....	» 10	» »
36. 1/2 »	violet....	» 10	» »
37. 1/2 »	vert foncé	» 10	» »
38. 1/2 »	vert pâle.	» 10	» »
39. 1/2 »	brun....	» 10	» »

ENVELOPPES.

Timbre rond.

40. 1/2 sch.	rose sur blanc...	» 50	» »
41. 1/2 »	rouge sur blanc...	» 10	» »
42. 1/2 »	rouge sur jaune...	» 10	» »

H. SCHEERENBECK.

Trois tours, en noir sur couleur.

43. Bleu foncé........	» 10	» »
44. Rose.............	» 10	» »
45. Vert.............	» 10	» »
46. Violet...........	» 10	» »
47. Carmin..........	» 10	» »
48. Chamois.........	» 10	» »
49. Brun............	» 10	» »
50. Bleu clair........	» 10	» »

Neufs. Oblitér.

51. Jaune............ » 10 » »
52. Orange........... » 19 » »

H. SCHEERENBECK.

Facteur.

53. Rose.............. » 10 » »
54. Jaune............. » 10 » »
55. Jaune foncé....... » 10 » »
56. Brun clair........ » 10 » »
57. Vert.............. » 10 » »
58. Bleu.............. » 10 » »
59. Bleu clair........ » 10 » »
60. Violet............ » 10 » »
61. Gris.............. » 10 » »
62. Chair............. » 10 » »
62 a Chamois.......... » 10 » »

H. SCHEERENBECK.

Vereinigte corporation, chiffre au milieu.

63. 1 2 sch violet clair » 10 » »
64. 1,2 » bleu foncé. » 10 » »
65. 1,2 » brun foncé » 10 » »
66. 1,2 » brun clair » 10 » »
67. 1,2 » orangé... » 10 » »
68. 1,2 » vert..... » 10 » »
69. 1/2 » bleu.... » 10 » »
70. 1/2 » jaune.... » 10 » »
71. 1/2 » rose..... » 10 » »
72. 1/2 » rose clair. » 10 » »
73. 1 » viol. clair. » 10 » »
74. 1 » bleu foncé » 10 » »
75. 1 » brun foncé » 10 » »
76. 1 » brun clair » 10 » »
77. 1 » orangé... » 10 » »
78. 1 » vert..... » 10 » »
79. 1 » bleu.... » 10 » »
80. 1 » jaune.... » 10 » »
81. 1 » rose..... » 10 » »
82. 1 » rose clair. » 10 » »

V. KRANTZ.

Facteur, noir sur couleur.

Neufs. Oblitér.

83. 1 2 sch. vert clair.. » 10 » »
84. 1,2 » bleu foncé. » 10 » »
85. 1,2 » jaune..... » 10 » »
86. 1,2 » violet..... » 10 » »
87. 1 2 » rose...... » 10 » »
88. 1 » vert clair.. » 10 » »
89. 1 » bleu foncé. » 10 » »
90. 1 » jaune..... » 10 » »
91. 1 » violet..... » 10 » · »
92. 1 » rose...... » 10 » »

Les mêmes, en couleur sur blanc.

93. 1 2 sch. vert.... » 10 » »
94. 1/2 » ocre.... » 10 » »
95. 1/2 » bleu.... » 10 » »
96. 1/2 » brun rouge » 10 » »
97. 1/2 » violet... » 10 » »
98. 1 » vert.... » 10 » »
99. 1 » ocre.... » 10 » »
100. 1 » bleu.... » 10 » »
101. 1 » brun rouge » 10 » »
102. 1 » violet... » 10 » »

V. KRANTZ, HAMONIA.

Déesse.

103. 1 sch. or jaune sur blanc.... » 10 » »
104. 1 » or vert sur blanc.... » 10 » »
105. 1 » or citron s. blanc.... » 10 » »
106. 1 » or s. vert.. » 10 » »
107. 1 » or sur bleu » 10 » »
108. 1 » argent sur brun..... » 10 » »
109. 1 » argent sur blanc.... » 10 » »
110. 1 » argent sur rouge.... » 10 » »
111. 1 » argent sur noir...... » 10 » »
112. 1 » or sur bleu foncé.... » 10 » »
113. 2 » or jaune s. blanc.... » 10 » »
114. 2 » or vert sur blanc.... » 10 » »

		Neufs.	Oblitér.
115. 2 sch.	or citron s. blanc....	» 10	» »
116. 2 »	argent sur blanc...	» 10	» »
117. 2 »	argent sur noir.....	» 10	» »
118. 2 »	or sur vert clair.....	» 10	» »
119. 2 »	argent sur brun.....	» 10	» »
120. 2 »	argent sur rouge....	» 10	» »
121. 2 »	or sur bleu	» 10	» »
122. 2 »	or sur bleu noir.....	» 10	» »

Th. Lafrenz.
Carrés, chiffre au milieu.

123. 1/2 sch.	rose.....	» 10	» »
124. 1/2 »	gris.....	» 10	» »
125. 1/2 »	vert.....	» 10	» »
126. 1/2 »	chair....	» 10	» »
127. 1/2 »	violet....	» 10	» »
128. 1/2 »	jaune....	» 10	» »
129. 1/2 »	bleu clair	» 10	» »
130. 1/2 »	bleu foncé	» 10	» »
131. 1/2 »	brun clair	» 10	» »
132. 1/2 »	brun foncé	» 10	» »

133. 1 sch.	chair....	» 10	» »
134. 1 »	rose.....	» 10	» »
135. 1 »	brun clair	» 10	» »
136. 1 »	brun foncé	» 10	» »
137. 1 »	jaune....	» 10	» »
138. 1 »	vert.....	» 10	» »
139. 1 »	bleu clair	» 10	» »
140. 1 »	bleu foncé	» 10	» »
141. 1 »	gris......	» 10	» »
142. 1 »	violet....	» 10	» »

Ch. Van-Diemen, piq. 12.

143. 1 sch. lilas......	» » » 15

144. 2 sch.	jaune.....	» » » 15
145. 3 »	rose......	» » » 15
146. 4 »	vert......	» » » 15
147. 6 »	bleu......	» » » 15
148. 8 »	rouge.....	» » » 15

La collection des offices de Hambourg (116 timbres)............. 7 fr.

HANOVRE.

1850. Chiffre et armoiries, noir sur couleur, couronne de feuilles en filigrane.

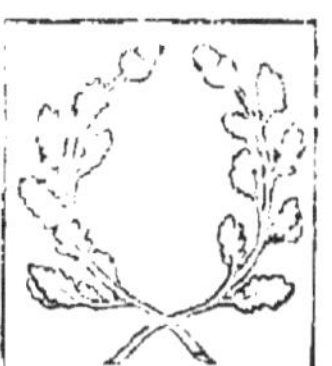

1. 1 gutg.	bleu (sans filigrane)..	» » » 50
2. 1 »	vert......	1f » » 25
3. 1/30 th.	carmin....	1f » » 35
4. 1/30 »	chair.....	1f » » 35
5. 1/15 »	bleu......	1f » » 35
6. 1/10 »	orange....	1f » » 35

1856. Même type, noir sur papier blanc, burelé de couleur.

7. 1 gutg.	vert......	1f » » 25
8. 1 »	vert (burelé vertical).	2f » » »
9. 1/30 th.	rose......	1f » » 35
10. 1/30 »	rose (burelé vertical)..	2f » » »
11. 1/15 »	bleu......	1f » » 35
12. 1/10 »	orange....	2f » » »
13. 1/10 »	orange (bur. serré)....	1f » » 35

1853-63. Chiffre dans un ovale.

14. 3 pf.	rose (filigrané)	1f50 » »
15. 3 »	rose (burelé noir).......	» 75 » »
16. 3 »	brun (burelé noir, serré).	1f » » »
17. 3 »	rose (sans filig.)	» 35 » »
18. 3 »	vert.........	» 25 » »
19. 3 »	vert perc. arc.	» 15 » »

1850. Cor, sur papier blanc.

20. 1/2 gros.	noir.....	» 35 » »
21. 1/2 »	noir, perc. a.	» 35 » 25

1859. *Effigie du roi, couleur sur blanc.*

		Neufs.	Oblitér.
22.	1 gros. carmin	» »	» 25
23.	1 » rose	» 50	» 10
24.	2 » bleu foncé ..	» »	» 25
25.	2 » bleu	» 75	» 10
26.	3 » jaune	» »	» 50
27.	3 » bistre	» »	» 10
28.	10 » vert	» »	1f »

1864. *Les mêmes, per. arc.*

29.	1 gros. rose	» 25	» 10
30.	2 « bleu	» 50	» 10
31.	3 » bistre	» 75	» 10

ENVELOPPES.

1857. *Effigie du roi, relief et coul. sur blanc, chiffre en bas.*

32.	1 gulg. vert	1f »	» »
33.	1 silb. rose	1f »	» »
34.	2 » bleu	1f50 »	» »
35.	3 » jaune	2f »	» »

1858. *Même type, chiffres sur les côtés, timbré à gauche.*

36.	1 gros. rose	» 25	» 10
37.	2 » bleu	» 50	» 25
38.	3 » jaune	2f »	» »
39.	3 » bistre	» 75	» 25

1863. *Même type, timbré à droite.*

40.	1 gros. rose	» »	» 50
41.	2 » bleu	» »	» 75
42.	3 » bistre	» »	» 75

SPÉCIALES A LA VILLE DE HANOVRE.

1850. Bestellgeldfrei. *Ce seul mot imprimé sur papier jaunâtre.*

43.	Bleu	16f »	» »
44.	Noir	15f »	» »

Grande vignette, noir sur papier jaune, petit timbre rond.

45.	Bleu à l'angle infér. droit	4f »	» »

1858. *Trèfle en relief.*

46.	Vert	1f »	» »
46 b	Le même, imprimé comme timbre et gommé	» 50	» »

1861. *Cheval en relief.*

		Neufs.	Oblitér.
47.	Vert	» 50	» »
48.	Le même, timbre à droite	1f »	» »

HÉLIGOLAND (Mer du Nord).

1867. *Effigie en relief imp. en deux couleurs disposées différemment, papier blanc, perc. li.*

1.	1/2 schil. rose et vert.	» 15	» »
2.	1 » »	» 25	» »
3.	2 » »	» 50	» »
4.	6 » »	1f25	» »

HOLSTEIN (Duché).

1864. *Valeur dans un cercle, coul. sur blanc.*

1.	1 1/4 sch. bleu (grandes lettres)	» 35	» »
2.	1 1/4 » bleu (petites lettres)	» 35	» 20

Valeur dans un carré, fond rose.

3.	1 1/4 sch. bleu	» 35	» 20

1865. *Ovale, chiffre en relief et couleur.*

4.	1/2 sch. vert	» 35	» 25
5.	1 1/4 » lilas	» 35	» 25
6.	1 1/3 » carmin ...	» 35	» 25
7.	2 » bleu	» 50	» 25
8.	4 » bistre	» 75	» 25

1866. *Type à peu près semblable.*

Neufs. Oblitér.
9. 1 1/4 sch. violet ... » 25 » 15
10. 2   »   bleu.... » 50 » »

HAWAIIEN.

Chiffre(composition typographique).

0. 2 cents (timbre dou-
teux)........... » » » »
1. 13 cents bleu (pap.
blanc)......... » » 20f »

1859. *Idem, sur papier bleu, inscrip-*
tions : HAWAIIAN POSTAGE, INTER-
ISLAND, UKU LETA.

2. 1 cent. bleu....... 10f » » »
3. 1 » noir....... 1f » » »
4. 2 » bleu....... 10f » » »
5. 2 » noir....... 3f » » »

Idem, sur papier blanc.

6. 1 cent. noir....... 1f » » »
7. 1 » noir(pap.vergé)» 50 » »
8. 2 » noir....... 1f50 » »
9. 2 » noir (papier
vergé) ... » 75 » »

Id., avec l'inscription : INTERISLAND
UKU LETA, HAWAIIAN POSTAGE.

10. 1 cent. bleu....... 1f » » »
11. 2 » bleu....... 1f50 » »
12. 5 » bleu s. bleu. 3f » » »

Idem, HAWAIIAN POSTAGE, *répété*
deux fois.

13. 5 cents bleu....... 3f » » »

1852. *Effigies diverses.*

14. 2 cents rose clair.. 3f » » »

Neufs. Oblitér.
15. 2 cents. rose vif.... 1f50 » »

16. 5 » bleu s. blanc 3f » » »
17. 5 » bleu s. bleu 1f50 » »
18. 13 » rouge...... 4f » » »

1865. *Effigie bien gravée, piq.* 12.

19. 2 cents vermillon.. » 50 » »

20. 5 cents. bleu...... 1' » » »

HONDURAS (RÉPUBLIQUE).

1865. *Armoiries, noir sur couleur.*

1. 2 réales vert ...... 1f50 » »

2. 2 réales rose...... 1f50 » »

HONDURAS BRITANNIQUE.

1866. *Effigie de la reine, couleur*
sur blanc, CC en fil. piq. 14.

1. 1 penny bleu...... » 25 » »
2. 6 » rose...... 1f50 » »

Neufs. Oblitér.

3. 1 shill. vert...... 2f50   1f50

HONG-KONG.

1862. *Effigie de la reine Victoria, papier uni, piq. 14.*

			Neufs.	Oblitér.
1. 2 cents	brun......	» 35	»	»
2. 8 »	jaune pâle.	»	»	» 50
3. 12 »	bleu pâle.	»	»	» 50
4. 12 »	bleu vif...	»	»	» 50
5. 18 »	violet.....	»	»	1f »
6. 18 »	violet foncé	»	»	1f »
7. 24 »	vert......	»	»	» 50
8. 24 »	vert foncé.	»	»	» 50
9. 48 »	carmin...	»	»	» 75
10. 48 »	rose......	»	»	» 75
11. 96 »	brun noir.	»	»	1f50

Les mêmes, avec CC couronné, en filigrane.

			Neufs.	Oblitér.
12. 2 cents brun......		» 25	»	»
13. 4 »	gris........	» 50	» 25
14. 6 »	lilas.......	» 75	» 25
15. 8 »	jaune vif...	1f »	» 25
16. 12 »	bleu.......	1f25	» 50
17. 18 »	violet.....	1f75	» 50
18. 24 »	vert......	2f50	» 25
19. 30 »	rouge......	2f50	» 25
20. 48 »	rose.......	» »	» 75
21. 96 »	jaune brun.	» »	1f50
22. 96 »	brun noir..	» »	» 50

HONGRIE.

TIMBRE FISCAL DES JOURNAUX.

1869. *Chiffre, couleur sur blanc.*

1. 1 kr. bleu........ » » » 50
2. 2 » bistre........ » » » 75

INDES ANGLAISES.

1854. *Reine, types divers.*

1. 1/2 anna bleu..... 1f50   » 50
2. 1/2 » rouge.... » » 25f »

Neufs. Oblitér.

3. 1 anna rouge... » » » 35
4. 2 » vert..... » » » 50
5. 4 » rouge et bleu.... » » » 35

1858. *Reine, couleur sur papier glacé, piq. 14.*

		Neufs.	Oblitér.
6. 1/2 anna bleu.....	» 25	» 10
7. 1 » brun........	» 30	» 10
8. 1 » brun sur bleuté	» »	3f »
8b 2 » vert........	» »	» »
9. 2 » rougeâtre...	» »	1f »
10. 2 » orangé......	» »	» 50
11. 2 » jaune.......	» »	» 10
12. 4 » noir........	» »	» 10
13. 4 » noir sur bleuté	» »	» 50
14. 8 » rose........	» »	» 10
15. 8 » rose sur bleuté	» »	» 50
16. 8 pies violet.......	» 25	» 10

1866. *Même type, tête d'éléphant en filigrane, piq. 14.*

		Neufs.	Oblitér.
17. 1/2 anna bleu....	» 50	» 10
18. 1 » brun.....	» 50	» 10
19. 2 » orange...	» »	» 10
20. 4 » vert.....	» »	» 50
20b 8 » rose.....	» »	» 10

1866. *Grand timbre de commerce, avec* POSTAGE *imp. en vert; provisoire, piq. 14.*

21. 6 anna violet...... » » 1f »

On trouve le mot postage de deux grandeurs.

1866. *Type nouveau, couleur sur blanc, tête d'éléph. en filig., piq. 14.*

Neufs. Oblitér.

22. 4 annas vert...... » » » 20
23. 6 » 8 pies lilas 2f 25 » 50

Pour la correspondance officielle, on imprime le mot SERVICE sur les timbres ordinaires ou sur des timbres de commerce.

ENVELOPPES.

1861. *Effigie, relief et couleur.*

24. 1/2 anna bleu sur p. jaunâtre. » 25 » »
25. 1/2 » bleu sur p. blanc... » 25 » »
26. 1/2 » bleu sur feuille.. 1f » » »
27. 1 » brun sur bleu.... » 50 » »

INDES NÉERLANDAISES.

1864. *Effigie du roi Guillaume.*

Neufs Oblitér.

1. 10 cents carmin... » 75 » »
2. 10 » carmin pâle » 75 1 » »
3. 10 » » piq. 12 » 50 » »

IONIENNES (ILES).

1859. *Reine, légende grecque, chiffre en filig.*

1. Jaune............ » 50 » »
2. Bleu............. » 50 » »
3. Rouge........... » 75 » »

ITALIE.

1850. *Victor-Emmanuel, couleur sur blanc.*

1. 5 cent. noir.. .... » » 2f »
2. 20 » bleu....... » » » 50
3. 20 » bleu foncé. » » » 50
4. 40 » carmin.... » » 4f »
5. 40 » magenta... » » 6f »

1853. *Le même, en relief, sur papier de couleur.*

6. 5 cent. vert....... » » 2f »
7. 20 » bleu....... » » » 50
8. 40 » rose....... » » 2f »

1854. Le même, cadre de couleur, centre blanc et en relief.

			Neufs.	Oblitér.
9.	5 cent.	vert......	» » 4f	»
10.	5 »	vert pomme	» » 4f	»
11.	20 »	bleu......	» »	» 50
12.	20 »	bleu foncé.	» »	» 50
13.	40 »	carmin....	» » 10f	»

1855-1863. Le même, légendes blanches.

14.	5 cent.	vert vif....	» 10	» 05
15.	5 »	vert pâle..	» 10	» 05
16.	5 »	vert jaune..	» »	» 05
17.	5 »	vert olive..	» 10	» 05
18.	10 »	jaune......	» 15	» 05
19.	10 »	bistre......	» 25	» 05
20.	10 »	brun......	» 15	» 10
21.	10 »	brun noir..	» 25	» 15
22.	15 »	bleu......	» 30	» 10
23.	15 »	bleu pâle...	» 30	» 10
24.	20 »	bleu.......	» 20	» 05
25.	20 »	bleu noir...	» 20	» »
26.	20 »	bleu pâle...	» 20	» 05
27.	40 »	carmin....	» 20	» 05
28.	40 »	rose pâle..	» 20	» 05
29.	40 »	rouge vif...	» 50	» 05
30.	80 »	jaune......	» 50	» 25
31.	80 »	citron......	1f »	» »
32.	80 »	ocre.......	1f »	» »
33.	80 »	ocre pâle...	1f »	» »
34.	3 lire	bronze.....	1f »	» »

On trouve de ces timbres avec la tête renversée, ou sans tête.

Les mêmes, piq. 9 1/2, 10, 10 1/2, 11, 11 1/2, 13, 13 1/2, 14.

35.	5 cent.	vert.......	» 50	» »
36.	10 »	bistre......	» 50	» »
37.	20 »	bleu.......	» 20	» »
38.	40 »	carmin.....	» 20	» 15
39.	80 »	jaune......	» 50	» »
40.	3 lire	bronze.....	3f »	» »

1863. Même effigie, lithographié.

41. 15 cent. bleu...... » 25 » 05

1863. Effigie à gauche, papier glacé, couron. en filig., piq. 14.

			Neufs.	Oblitér.
42.	5 cent.	gris vert...	» 10	» 05
43.	10 »	jaune......	» 15	» 05
44.	10 »	jaune brun.	» 15	» 05
45.	15 »	bleu.......	» 25	» 05
46.	15 »	bleu pâle...	» 25	» 05
47.	30 »	brun......	» 40	» 05
48.	40 »	carmin.....	» 50	» 05
49.	60 »	lilas.......	» 75	» 10
50.	2 lire	rouge......	2f50	» 25

1864. Le 15 c. ci-dessus, avec 20 c. appliqué en noir.

51. 20 cent. bleu...... » 25 » 05
52. 20 » bleu 4 points » 25 » 15

1867. Couleur s. blanc. piq. 14

53. 20 cent. bleu...... » 30 » 10

1863. CHIFFRE-TAXE (SEGNA-TASSA).

54. 10 cent. jaune.... » 25 » »
55. 10 » ocre...... » 50 » »

1869. Type différent, piq. 10.
77. 10 cent. jaune brun » 25 » »

TIMBRE DE JOURNAUX.

1860. *Chiffre en relief, cadre imprimé.*

		Neufs.	Oblitér.
56. 1 cent. noir.......		» 10	» 05
57. 1 » verdâtre....		» 25	» 20
58. 2 » noir.......		» 15	» »
59. 2 » verdâtre...		» 35	» 25
60. 2 » jaune......		» 25	» 10
61. 2 » bistre......		» 15	» 10
62. 1 c. en relief dans un cadre du 2 c..	5f »	» »
63. 2 c. en relief dans un cadre du 1 c.	5f »	» »

1863. *Chiffre imprimé sur papier glacé, piq. 14.*

64. 1 cent. verdâtre ...	» 05	» »
65. 1 » verdâtre pâle	» 05	» »
66. 2 » chocolat....	» 10	» »

ENVELOPPES.

1819. *Pour l'expédition particulière des lettres après le départ du courrier ; papier généralement filigrané, estampille bleue (courrier à cheval).*

71. 15 cent. estampille ronde.	»	»
72. 25 » » ovale....	»	»
73. 50 » » octogone.	»	»

1820. *Même genre, armoiries de Savoie, grecque et l'inscription :* corrispondenza autorizata in corso-particolare-per pedoni-od altro occazione *en filigrane, estampille en relief.*

74. 15 cent. estampille ronde.	»	»
75. 25 » » ovale....	»	»
76. 50 » » octogone.	»	»

Ces enveloppes sont rares.

Ancien timbre-taxe des journaux.

	Neufs.	Oblitér·
68. 1 cent noir........	» » 50	»
69. 5 » noir........	» » 50	»

70. **Timbres de journaux frappés à la main, ronds, ovales, *periodici franchi ; stampali franchi*, etc, rouges et noirs, chaque : 25 et 50 c.**

ESSAIS.

A. **Pancarte avec les 8 timbres officiels de 1863, frappés du mot *saggio* (essai), la pancarte...** 1 fr. 50

B. **Croix de Savoie au centre, chiffres aux angles supérieurs, couleur sur teinté, armoiries en filigrane :**

15 cent. vert............. 50 c.

C. **Le même, petite couronne gaufrée au verso..............** 50 c.

D. **Même dessin, couleur sur carte glacée : 1 c. bleu, 5 c. jaune, 10 c. noir, 15 c. rouge, 30 c. vert, 40 c. violet, 80 c. carmin, 3 lire rouge, chaque..................** 50 c.

E. **Effigie du roi, autant de types que de valeurs, taille-douce ou report, jolis guillochages ; couleurs diverses : 1 c. (chiffre) 5 c., 10 c., 15 c., 30 c., 40 c., 60 c., 3 lire : chaque** 50 c.

N. Petite effigie à gauche, genre numismatiques, encadrement à dents, chiffre aux angles, couleurs diverses ; chacun........ 1f » » »

F. SEGNA-TASSE, courrier à cheval couleurs diverses, chacun.. » 25 c.

G. PERIODICI-FRANCHI, effigie, couleurs diverses, chacun....... » 25 c.

H. TELEGRAFI ITALIANI, facteur, couleurs diverses, chacun.. » 25 c.

TIMBRES ADMINISTRATIFS I. ronds, légende, pas de dessin, 4 différents. chacun................... » 25 c

J. ronds festonnés, effigie ou armoiries, rouge, bleu, chacun » 50 c.

K. carrés, effigie, armoiries ou déesse. couleurs diverses, chacun » 50 c.

L. carrés, armoiries, grande ou petite dimension, rouge, bleu, chacun................. » 50 c.

M. carrés, grands, belle gravure, genre numismatique, avec et sans effigie, couleurs diverses, chacun................. 1f 50 c.

JAMAIQUE.

1860. Reine. types divers, ananas en filig., piq. 14,

			Neufs.	Oblitér.
1.	1 penny	bleu......	» 25	» »
2.	1 »	bleu pâle..	» 25	» 15
3.	2 pence	carmin...	» 50	» 25
4.	2 »	rose......	» 50	» 25
5.	3 »	vert......	» 75	» 25
6.	4 »	orange....	1f »	» 50
7.	4 »	orange pâle	1f »	» 25
8.	6 »	lilas......	1f50	» 50
9.	6 »	lilas pâle..	1f50	» 25

			Neufs.	Oblitér.
10.	1 shill.	brun.....	2f50	» 75
11.	1 »	brun violet	» »	» 50

Pour la correspondance officielle, on perce ces timbres d'un petit trou.

Timbres de commerce.

A. 3 pence violet...... » 75 » »

B. 3 1/2 pence bleu.... 1f » » »

LIBÉRIA (Afrique).

1860. Déesse, encadrement sans filet, ext., papier jaunâtre, piq. 12.

			Neufs.	Oblitér.
1.	6 cents	rouge......	3f50	1f50
2.	12 »	bleu.......	2f50	1f50
3.	24 »	vert.......	3f50	2f »

Les mêmes, non dentelés.

4.	6 cents	rouge foncé.	5f »	» »
5.	12 »	bleu foncé.	5f »	» »
6.	24 »	vert foncé..	5f »	» »

1864. Les mêmes, encadrement à un filet ext., piq., 11, 12.

7.	6 cents	rouge......	1f25	» »
8.	12 »	bleu.......	1f50	» »
9.	24 »	vert.......	2f50	» »

1867. Les mêmes, double filet, lithographiés, papier mince.

10.	6 cents	rouge pâle	1f75	» »
11.	12 »	bleu pâle.	1f75	» »
12.	24 »	vert pâle..	2f50	» »
13.	24 »	vert foncé.	2f50	» »

1869. *Les mêmes, sans filet.*

		Neufs.	Oblitér.
14. 6 cents rouge....	» 75	» »
15. 12 » bleu vif...	1f25	» »
16. 12 » bleu terne.	1f25	» »
17. 24 » vert......	2f50	» »
La série de trois......	4f »	» »

ESSAIS. *Type officiel, lithographié, papier blanc mince.*

6 cents noir.......	» 50	» »
12 » noir.......	» 50	» »
24 » noir.......	» 50	» »
6 » bleu.......	» 50	» »
12 » vert.......	» 50	» »
24 » rouge	» 50	» »
6 » vert......	» 50	» »
12 » rouge	» 50	» »
24 » bleu	» 50	» »
La Collection.....	4f »	» »

LIVONIE (CERCLE DE WENDEN).

1862. *Rectangle en long, coul. sur blanc.*

1. Noir sur rose, *Brief-marke*	10f »	» »
2. Noir sur vert, *Pac-kemmarke*	» 75	» »

1863-64. *En hauteur, ovale.*

3. Rouge, centre vert.	1f »	» »
4. Le même, griffon au centre...........	1f »	» »

LOMBARDO-VÉNÉTIE
ET
BUREAUX DE POSTE AUTRICHIENS

A L'ÉTRANGER :
Moldo-Valachie, Turquie d'Europe et d'Asie, Egypte.

1850. *Aigle autrichienne.*

1. 5 cent. jaune......	» »	» 50
2. 5 » orange.....	» »	1f »

		Neufs.	Oblitér.
3. 10 cent. noir.......	» »	» 35
4. 15 » rouge......	» »	» 20
5. 15 » rouge pâle.	» »	» 10
6. 30 » brun......	» »	» 10
7. 45 » bleu.......	» »	» 10
8. 45 » bleu pâle..	» »	» 10

1859. *Carré, effigie à gauche, p. 15.*

9. 2 soldi jaune......	» 25	» 15
10. 3 » noir.......	1f »	» 25
11. 3 » vert.......	» 50	» 15
12. 5 » rouge......	1f25	» 10
13. 10 » brun......	1f25	» 15
14. 15 » bleu.......	1f25	» 10

1861. *Ovale, effigie à droite, p. 14.*

15. 5 soldi rouge......	» 50	» 10
16. 10 » brun.......	» »	» 25

Tous les timbres précédents ont été réimprimés en couleurs plus vives et piq. 12, sauf première émission. De 1861 on a imprimé en plus :

16 A 2 soldi jaune......	3f »	» »
16 B 3 » vert.......	3f »	» »
16 C 15 » bleu	5f »	» »

1863. *Ovale, aigle autrichienne, petite piq. 14.*

17. 2 soldi jaune......	» »	» 25
18. 3 » vert.......	» »	» 25
19. 5 » rose........	» »	» 25
20. 10 » bleu.......	» »	» 25
21. 15 » bistre.....	» »	» 25

1864. *Les mêmes, grosse piq. 9 1/2.*

22. 2 soldi jaune......	» 25	» »
23. 3 » vert	» 25	» »
24. 5 » rose........	» 35	» 10
25. 10 » bleu.......	» 50	» 10
26. 15 » bistre......	» 75	» 10

Bureaux étrangers seuls.

1867. *Effigie sans relief, couleur sur blanc, piq. 9 1/2.*

Neufs. Oblitér.

			Neufs.	Oblitér.
40.	2 sold.	jaune.....	» 15	» »
41.	3 »	vert........	» 15	» »
42.	5 »	rose.......	» 25	» »
43.	10 »	bleu........	» 50	» »
44.	15 »	brun.......	» 60	» »
45.	25 »	violet......	1f 25	» 50
46.	50 »	chair piq. 12	2f »	1 f. »

ENVELOPPES.

Mêmes types que les timbres.

1861. *Ovales, effigie, relief et coul.*

27.	3 soldi	vert.......	» 75	» »
28.	5 »	rouge......	» 75	» »
29.	10 »	brun rouge.	1f »	» »
30.	15 »	bleu.......	1f »	» »
31.	20 »	orange.....	1f 50	» »
32.	25 »	brun foncé.	1f 50	» »
33.	30 »	violet......	2f »	» »
34.	35 »	brun clair..	2f 50	» »

1863. *Ovales, aigle.*

35.	3 soldi	vert.......	» 35	» »
36.	5 »	rose.......	» 35	» »
37.	10 »	bleu.......	» 50	» »
38.	15 »	bistre......	» 75	» »
39.	25 »	violet......	1f 25	» »

1867. *Carrés, effigie.*

47.	2 sold.	jaune	» 15	» »
48.	3 »	vert.......	» 20	» »
49.	5 »	rose.......	» 25	» »
50.	10 »	bleu......	» 50	» »
51.	15 »	brun......	» 75	» »
52.	25 »	violet.....	1f 25	» »

LUBECK.

1859. *Armoiries, coul. sur blanc.*

1.	1/2 sch.	violet....	» 25	» »
2.	1 »	orange...	1f »	» »
3.	1 »	jaune....	» 35	» »
4.	2 »	brun ...	» 35	» »

Neufs. Oblitér.

5.	2	sch. brun (avec la légende du 2 1/2).	5f »	» »
6.	2 1/2 »	carmin...	» 35	» »
7.	4 »	vert......	» 35	» »
La collection de 5 valeurs			1f 25	» »

Les mêmes avec petites étoiles en filigrane.

1863. *Ovales, relief et couleur per. li.*

8.	1/2 sch.	vert.....	» 15	» »
9.	1 »	rouge....	» 15	» »
10.	2 »	rose.....	» 30	» »
11.	2 1/2 »	bleu.....	» 30	» »
12.	4 »	bistre...	» 50	» »

13.	1 1/2 »	violet....	» 25	» »
14.	1 1/4 »	brun (lithogr.).	» 35	» »
14b	Le même, non perc.		» 15	» »
14c	» foncé ...		» 15	» »

ENVELOPPES.

1863. *Ovales, aigle, relief et coul. timbrée à gauche.*

15.	1/2 sch.	vert......	1f »	» »
16.	1 »	rouge....	» 75	» »
17.	2 »	rose.....	» 75	» »
18.	2 1/2 »	bleu.....	» 75	» »
19.	4 »	bistre....	2f »	» »

Les mêmes, timbrées à droite.

20.	1/2 sch.	vert	» 15	» »
21.	1 »	rouge....	» 25	» »
22.	1 1/2 »	violet....	» 25	» »
23.	2 »	rose.....	» 35	» »
24.	2 1/2 »	bleu.....	» 35	» »
25.	4 »	bistre....	» 50	» »
La collection (relief) de 7 timbres et 6 enveloppes, 13 ensemble.			3f »	» »

TIMBRES DE FRANCHISE. (*Armoiries en relief.*)

26.	Direction générale des postes, vert.	» 25	» »
27.	Direction générale des télégraphes, bleu.............	» 25	» »

LUXEMBOURG.

1852. *Effigie du roi Guillaume, W en filig.*

Neufs. Oblitér.

1. 10 cent. noir..... » » » 50
2. 10 » gris...... » » » 25
3. 1 silb. rose..... » » » 50
4. 1 » rouge.... » » » 35
5. 1 » brun..... » » » 35

1859. *Armoiries.*

6. 1 cent. bistre..... » 20 » »
7. 2 » noir...... » 20 » »
8. 4 » jaune... . » 20 » »
9 10 » bleu...... » 25 » 10
10. 12 1/2 » rose...... » 25 » 10
11. 25 » brun...... » 50 » 25
12. 30 » violet..... » 60 » 25
13. 37 1/2 » vert... . » 75 » »
14. 40 » rouge.... 1ᶠ » » 25

1865 67. *Les mêmes, per. li. et li. co.*

15. 1 cent. brun foncé » 10 » »
15 a 1 » bistre..... » 05 » »
16. 2 » noir..... » 10 » »
17. 4 » jaune.... » 10 » »
18. 10 » lilas..... » 25 » 10
19. 12 1/2 » rose..... » 25 » »
24. 20 » bistre.... » 40 » »
20. 25 » bleu..... » 50 » »
21. 30 » .... » » » »
22. 37 1/2 » bistre.... » 60 » »
23. 40 » orange... » 75 » »

MADÈRE (Afrique).

1868. *Timbres portugais de 1866, dentelés ou non, avec le mot*

MADEIRA *imprimé en noir.*

1. 5 reis. noir...... » » » »
2. 5 » id. avec madeira en rouge..... » 25 » »
3. 10 » jaune..... » 25 » »
4. 20 » bistre..... » 30 » »
5. 25 » rose ...... » 50 » »
6. 50 » vert ...... 1ᶠ » » »
7. 80 » orange.... 1ᶠ » » »
8. 100 » violet..... 1ᶠ25 » »
9. 120 » bleu...... 1ᶠ50 » »

MALACCA (Inde)

(Possessions anglaises du détroit de)
1867. *Timbres des Indes anglaises avec, en surcharge, une couronne et la valeur.*

1. 3/2 cents rouge sur 1/2 anna 50 » »
2. 2 » rouge, » 1 » 50 » »
3. 3 » bleu » 1 » 75 » 50
4. 4 » noir » 1 1ᶠ » » 50
5. 6 » pourp. » 2 » » 1ᶠ »
6. 8 » vert » 2 » » » 50
7. 12 » carmin » 4 » » 1ᶠ 50
8. 24 » bleu » 8 » » » 50
9. 32 » noir » 2 » » » »

1868. *Effigie de la reine, deux types, C C en filig. piq. 14*

10. 8 cents. jaune ..... 1ᶠ » » »

		Neufs.	Oblitér.
11. 12 cents bleu.......	1f50	1f »
12. 24 » vert........	2f50	1f »
13. 32 » rouge......	3f50	» »
14. 96 » gris vert...	10f »	» 75
15. 2 » brun......	» 35	» »
16. 4 » rose.......	» 50	» »
17. 6 » violet......	» 75	» »

MALTE.

1860. *Reine, papier bleuté, piq. 14.*

1. 1/2 penny bistre...   4f »   » »

Le même, papier blanc.

2. 1/2 penny bistre..   1f »   » »

Le même, CC couronné en filigrane.

3. 1/2 penny bistre..   » 25   » »
4. 1/2 » orange..   » 15   » »

MAURICE (ILE).

1851. *Effigie diadémée, dessin grossier, couleur sur bleu.*

1. 1 penny rouille...   » » 5f »
2. 2 pence bleu.....   » » 15f »

Les mêmes, couleur sur blanc.

1 b 1 penny rouille...   » » 10f »
2 b 2 pence bleu......   » » 10f »

Les mêmes, avec POST-OFFICE.

3. 1 penny rouille...   » » 50f »
4. 2 pence bleu......   » » 50f »

1852. *Même genre, effigie, ceinte d'un bandeau.*

5. 2 pence bleu foncé.   » » 10f »

1853. *Même genre, effigie diadémée,* MAURITIUS, *écrit de haut en bas.*

		Neufs.	Oblitér.
6. 2 pence bleu.....	» »	5f »
7. 2 » bleu pâle.	» »	4f »

1858. *Effigie, bordure grecque.*

8. 1 penny rouge.....   » » 10f »
9. 2 pence bleu......   » » 5f »

1856-57. *Déesse assise.*

10. Rouge sur bleuté...   8f »   » »
11. Rouge...........   8f »   » »
12. Vert.............   » » 12f »
13. Bleu...........   8f »   » »
14. Magenta.........   » » 4f »

Même type, valeur appliquée en noir.

15. 4 pence vert......   » » 25f »

1862. *Même type, valeur en bas.*

16. 6 pence bleu......   » » 1f »
17. 6 » lilas......   6f »   » »
18. 1 shill. rouge.....   » » 1f50
19. 1 » vert......   » » 2f »

Les mêmes, piq. 14.

20. 6 pence ardoise....   10f »   » »
21. 1 shill. vert.......   » » 3f »

1861. *Effigie, couleur sur papier blanc, piq. 14.*

22. 1 penny brun clair.   » 50   » »

		Neufs.	Oblitér.
23. 2 pence bleu......	»	»	» 25
24. 4 » rose......	»	»	» 25
25. 6 » vert..... .	»	»	2f »
26. 6 » lilas......	»	»	» 50
27. 9 » violet clair	»	»	» 75
28. 1 shill. vert.......	»	»	5f »
29. 1 » jaune.....	»	»	» 50

1863. *Les mêmes, avec CC en filig., piq. 14.*

	Neufs.	Oblitér.
30. 1 penny brun.....	» 25	» »
31. 2 pence bleu......	» 50	» 25
32. 3 » rouge......	» 75	» »
33. 4 » rose......	» 75	» 10
34. 6 » lilas......	» »	» 50
35. 6 » vert......	1f50	» 50
36. 1 shill. jaune.....	» »	» 25
37. 5 » violet.....	» »	2f »
37ᵃ 5 » lie de vin..	» »	1f »

ENVELOPPES.

1863. *Formes diverses, relief et couleur.*

	Neufs.	Oblitér.
38. 6 pence violet.....	1f50	» »
49. 6 » violet brun	6f »	» »
40. 9 » brun......	2f »	» »
41. 1 shill. jaune.....	15f »	» »

MECKLEMBOURG-SCHWERIN.

1856. *Tête de bœuf.*

	Neufs.	Oblitér.
1. 4/4 sch. rouge....	» 50	» 25
2. 1/4 » *du précéd.*	» 10	» »

Même type, grande dimension.

	Neufs.	Oblitér.
3. 3 sch. jaune......	» 75	» 25
4. 5 » bleu.......	1f75	1f »

1864. *Les mêmes, per. li.*

	Neufs.	Oblitér.
5. 4/4 sch. rouge (fond blanc)..	» 25	» 15
6. 1/4 » *du précéd.*	» 10	» 05
7. 3 » jaune....	» 50	» 20
8. 5 » bistre....	» 50	» »
20. 2 » violet....	» 25	» »

ENVELOPPES.

1856. *Ovales, en relief, inscriptions transversales en gros caractères.*

	Neufs.	Oblitér.
9. 1 sch. rouge......	» »	2f »
10. 1 1/2 » vert.......	» »	2f »
11. 3 » jaune......	» »	2f »
12. 5 » bleu.......	» »	2f »

Les mêmes, inscription en petits caractères.

	Neufs.	Oblitér.
13. 1 sch. rouge......	» 25	» 15
14. 1 » rouge pâle.	» 25	» 15
15. 1 1/2 » vert.......	» 35	» 20
21. 2 » violet......	» 25	» »
16. 3 » jaune......	» 50	» 25
17. 3 » jaune pâle.	» 50	» 25
18. 5 » bleu.......	1f75	1f »
19. 5 » bistre......	» 50	» 50

MECKLEMBOURG-STRELITZ.

1864. *Armoiries, tête de bœuf, p. li.*

	Neufs.	Oblitér.
1. 1/4 silb. orange...	» 10	» »
2. 1/3 » vert.....	» 10	» »
3. 1 » rose	» 25	» »
4. 1 schill. violet....	» 25	» »
5. 2 silb. bleu.....	» 50	» »
6. 3 » bistre....	» 75	» »

ENVELOPPES.

Même type.

Neufs. Oblitér.

7. 1 silb. rose....... » 25 » »
8. 2 » bleu....... » 50 » »
9. 3 » bistre...... 1f » » »

MEXIQUE.

1857. *Effigie, couleur sur blanc.*

1. 1/2 réal bleu foncé. 3f » » »
2. 1/2 » bleu...... 3f » » »
3. 1 » orange.... 3f » » »
4. 1 » jaune..... 3f » » »
5. 2 » vert....... 3f » » »
6. 2 » vert jaune. 3f » » »
7. 4 » rouge..... 5f » » »
8. 8 » violet..... 10f » » »

Les mêmes, avec le nom des villes imprimé en noir.

9. 1/2 réal bleu foncé. 3f » » »
10. 1/2 » bleu pâle.. » » 1f50
11. 1 » jaune..... » » » 75
12. 1 » jaune pâle. » » » 75
13. 2 » vert...... » » » 75
14. 2 » vert jaune. » » » 75
15. 2 » vert bleu.. » » » 75
16. 4 » rouge..... » » 2f »
17. 8 » violet..... » » 8f »

1861. *Même type, imp. noir sur couleur.*

18. 1/2 réal chamois.. 4f » » »
19. 1 » vert...... 2f » » »
20. 2 » rose...... 2f » » »
21. 4 » jaune..... 6f » » »
22. 8 » fauve..... 10f » » »

Les mêmes, avec le nom des villes imprimé en noir.

23. 1/2 réal chamois... » » 3f »
24. 1 » vert....... » » » 75
25. 2 » rose...... » » » 50
26. 4 » jaune..... » » 5f »
27. 8 » fauve...... 6f » 3f »

Même type, couleur sur couleur.

28. 4 reales rouge s. jaune 5f » » »
29. 8 » vert s. fauve. 10f » » »

Les mêmes, avec inscription noire.

Neufs. Oblitér.

30. 4 reales rouge s. jaune » » 3f »
31. 8 » vert s. fauve. » » 3f »

1864. *Aigle impériale.*

32. 3 centav. brun..... 3f » » »
33. 1/2 réal lilas ..... 2f » » »
34. 1 » bleu..... 2f » » »
35. 2 » jaune.... 2f » » »
36. 4 » vert...... 4f » » »
37. 8 » rouge.... 8f » » »

Les mêmes, avec nom de ville en noir.

38. 3 centav. brun.... 3f » » »
39. 1/2 réal brun..... » » 1f50
40. 1/2 » lilas..... » » 1f »
41. 1 » bleu..... » » 1f »
42. 2 » orange... » » » 75
43. 4 » vert..... » » » 75
44. 8 » rouge.... » » 1f »

Les mêmes, avec nom de ville et date d'émission en noir.

45. 3 centav. brun..... 3f » » »
46. 1/2 réal brun .... 1f50 » »
47. 1/2 » lilas .... 1f » » »
48. 1 » bleu..... 1f25 » 75
49. 1 » bleu ciel. » » » 75
50. 2 » orange... 2f50 » 50
51. 2 » jaune.... » » » 75
52. 4 » vert..... 4f » » 50
53. 8 » rouge.... 8f » 1f »

1866. *Effigie de l'empereur Maximilien, report lithographique défectueux, couleur sur blanc.*

54. 7 cents, lilas pâle. 5f » » »
55. 13 » bleu..... » » 2f »
56. 25 » jaune.... » » 1f50
57. 50 » vert ..... » » 1f50

1867. *Même type, gravé et imprimé en taille-douce.*

			Neufs.	Oblitér.
58.	7 cents violet.....	3f »	» »
59.	13 » bleu	5f »	1f50
60.	25 » jaune	4f »	1f »
61.	50 » vert......	6f »	1f50

1867. *République.* FRANCO EN GUADALAJARA, 1867, *Ronds, noir sur papier de couleur, uni, vergé ou quadrillé ; percés en pointe ou non.*

62. 1/2 réal blanc.....	» »	» »
63. 1 » bleu......	» »	» »
64. 2 » vert......	» »	» »
65. 2 » rose......	» »	» »
66. 2 » lilas......	» »	» »
67. 4 » rose......	» »	» »
68. 4 » bleu......	» »	» »
69. 1 peso lie de vin.	» »	» »
70. 1 » lilas......	» »	» »

1868. *Mêmes timbres.*

71. 1 réal vert......	» »	» »
72. 2 » rose......	» »	» »
73. 2 » lilas......	» »	» »

1869. *Mêmes timbres.*

| 74. 2 réal. lilas...... | » » | » » |

1867. *Type de 1857, couleur sur bleuté.*

75. 1/2 réal vert......	» »	1f50
76. 1 » bleu......	» »	» »
77. 2 » vert clair..	» »	1f50
78. 4 » lie de vin.	» »	1f »
79. 8 »	» »	» »
80. 4 » rouge sur jaune...	» »	» 75
81. 8 » noir sur fauve....	6f »	3f »

1868. *Effigie,* MEXICO *en haut, couleur sur couleur, piq.* 19 1/2.

			Neufs.	Oblitér.
82.	6 cent. noir sur chamois......	» 75	» »
83.	12 » noir s. vert..	1f25	» 50
84.	25 » bleu s rose.	2f50	» 50
85.	50 » noir s. jaune	5f »	» 75
86.	100 » » fauve	10f »	1f »
87.	100 » brun s. fauve	» »	» »

Les mêmes, non dentelés.

MODÈNE.

GOUVERNEMENT DUCAL.

1854. *Aigle, noir sur papier de couleur.*

1.	5 cent. vert foncé.	» 50	» »
2.	5 » vert......	» 25	» »
3.	10 » rose......	» 25	» »
4.	10 » violet....	» 25	» »
5.	15 » jaune.....	» 25	» »
6.	25 » paille.....	» 25	» »
7.	40 » bleu......	» 25	» »
8.	40 » bleu clair.	1f »	» »
9.	1 lira blanc.....	» 50	» »
10.	9 cent. B G. violet.	10f »	» »
11.	9 » B. G. violet.	1f »	» 50
	La série de 8 valeurs avec le TASSA GAZETTE....	2f »	» »

Mêmes timbres, avec fautes typographiques.

12.	5 CNET vert........	2f »	» »
13.	5 GEN1 vert........	2f »	» »
14.	5 CCNT vert........	2f »	» »
15.	5 EENT vert........	2f »	» »
16.	» CENT (sans 5.)...	2f »	» »
17.	10 CEN1 violet.....	2f »	» »
18.	10 CNET rose.......	2f »	» »

		Neufs.	Oblitér.
19.	10 CᴎET rose......	2f »	» »
20.	10 CENE rose......	2f »	» »
21.	10 CE6T rose......	2f »	» »
22.	15 CETN jaune.....	2f »	» »
23.	40 CNET bleu	2f »	» »
24.	40 CENE bleu	2f »	» »
25.	40 CE6T bleu.......	2f »	» »
26.	49 CENT bleu......	2 »	» »
27.	4C CENT bleu......	2f »	» »

TASSA GAZETTE.

28.	10 cent. blanc....	» 50	» »

GOUVERNEMENT PROVISOIRE.

1859. *Croix de Savoie.*

29.	5 cent. vert.......	» 50	» »
30.	15 » brun.......	» 50	» »
31.	15 » gris.......	» 50	» »
32.	20 » lilas.......	» 75	» »
33.	20 » bleu.......	» 50	» »
34.	40 » rose.......	» 50	» »
35.	40 » rose pâle...	» 50	» »
36.	80 » orange vif..	» 50	» »
37.	80 » orange pâle.	» 50	» »
La série de 5 valeurs...		1f50	» »

Les mêmes, avec fautes d'impression.

38.	5 au lieu de 15 c. brun	3f »	» »
39.	20 ECNT lilas........	3f »	» »
40.	20 ECNT bleu.......	3f »	» »
41.	8 au lieu de 80 c. orange..........	3f »	» »
42.	80 CREY orange.....	3f »	» »

MOLDAVIE.

1853. *Tête de bœuf dans un rond, papier de couleur, vergé.*

1.	54 paras vert......	5f »	» »
2.	81 » bleu.....	5f »	» »
3.	108 » rose.....	5f »	» »

Les mêmes, papier uni.

4.	54 paras vert......	2f »	» »
5.	81 » bleu......	2f »	» »
6.	108 » rose......	3f »	» »

NOTA. On a imprimé ces timbres avec des gravures qui ne sont pas identiques.

Tête de bœuf dans un carré, papier bleuté.

7.	5 paras noir.......	10f »	» »
8.	40 » bleu......	10f »	» »
9.	80 » rouge.....	10f »	» »

Les mêmes, papier blanc.

		Neufs.	Oblitér.
10.	5 paras noir.......	» 75	» »
11.	40 » bleu......	1f50	» »
12.	80 » rouge.....	3f »	» »

Les mêmes, type un peu différent.

13.	5 paras noir.......	» 75	» »
14.	40 » bleu......	1f50	» »
15.	40 » verdâtre..	2f »	» »
16.	80 » rouge.....	3f »	» »

MOLDO-VALACHIE.

1862. *Tête de bœuf et aigle.*

17.	3 paras orange....	» 50	» »
18.	3 » jaune pâle.	» 50	» »
19.	6 » rouge.....	» 50	» »
20.	6 » brun......	» 50	» »
21.	6 » rose......	» 25	» »
22.	30 » bleu......	» 75	» »
23.	30 » bleu foncé.	» 75	» »

Les mêmes, papier vergé.

24.	3 paras orange....	» 25	» »
25.	6 » rouge.....	» 75	» »
26.	30 » bleu......	1f »	» »

1865. *Effigie du prince Couza.*

27.	2 paras jaune.....	» »	» 50
28.	2 » orange....	» 25	» »
29.	5 » bleu......	» 50	» »
30.	5 » bleu foncé.	» 25	» »
31.	20 » rouge.....	» 75	» 25
32.	20 » rouge vif..	» 75	» 25
33.	20 » rouge vif (type diff.)	» 75	» »

1866. *Mêmes effigie, timbres n'ayant pu avoir cours.*

34.	2 parale jaune.....	4f »	» »

		Neufs.	Oblitér.
35.	5 parale bleu.... .	4f »	» »
36.	20 » carmin....	4f »	» »

1866. *Effigie du prince de Hohenzollern, noir sur couleur.*

37.	2 parales	jaune ...	» 35	» »
38.	5 »	bleu.....	» 50	» »
39.	20 »	rose.....	» 75	» 25
39 a	20 »	rouge....	1f »	» 50

Les mêmes, sur papier plus clair.

1868, *Même type, couleur s. blanc.*

40.	2 bani orange......	» 15	» »
41.	4 » bleu........	» 25	» »
42.	18 » rose........	» 50	» 15
43.	18 » rouge.......	1f »	» 25

1869. *Même genre.*

44.	5 bani jaune.....	» 10 »	» »
45.	10 » bleu......	» 25 »	» 10
46.	15 » rouge ...	» 30	» 25
47.	25 » jaune, bleu	» 50 »	» 15
48.	50 » bleu, rouge	1f »	» 25

ESSAIS.

A. couleur sur blanc, rouge, bistre, bleu, vert, chacun......... 50 c.

MONTEVIDEO.

1856. DILIGENCIA, *soleil.*

			Neufs.	Oblitér.
1.	60 cent.	bleu......	25f »	15f »
2.	80 »	vert.......	1f50	» »
3.	80 »	vert pâle..	1f50	» »
4.	1 réal	rouge.....	» 75	» »
5.	1 »	rouge pâle.	» 75	» »

Soleil, valeur indiquée deux fois.

6.	120 centes.	bleu...	25f »	15f »
7.	180 »	vert....	» 75	» »
8.	180 »	vert pâle	» 75	» »
9.	240 »	rouge...	» 50	» »
10.	240 »	rouge pâle	» 50	» »

Même genre, plus petit, valeur indiquée une fois, chiffres minces.

11.	60 centes.	lilas....	» »	1f50
12.	80 »	jaune....	» »	2f »
13.	100 »	carmin...	» »	2f »
14.	120 »	bleu.....	» »	2f »
15.	180 »	vert.....	» »	2f »
16.	210 »	rouge....	» »	2f »

Les mêmes, chiffres gras.

17.	60 centes.	lilas foncé	1f »	» 25
18.	60 »	lilas clair.	1f »	» 25
19.	60 »	brun.....	» »	» 25
20.	80 »	jaune....	1f25	» 50
21.	80 »	orangé...	» »	» 50
22.	100 »	rose	1f50	» 50
23.	100 »	carmin...	» »	» 50
24.	120 »	bleu.....	1f50	» 50
25.	120 »	bleu pâle.	» »	» 50
26.	180 »	vert.....	» »	» »

1864. Republica Oriental,
armes.

		Neufs.	Oblitér.
27. 06 centes. rose.....	1ᶠ »	» 50
28. 06 » rouge....	» »	1ᶠ50
29. 08 » vert,.....	1ᶠ »	» 50
30. 10 » jaune....	1ᶠ25	» 50
31. 12 » bleu.....	1ᶠ50	» 50

1866. Provisoirement, les mêmes timbres ont servi avec la nouvelle valeur surchargée en noir :

31 a 5 centes. *sur le* bleu	» » » »
31 b 10 » vert..	» » » »
31 c 15 » jaune	» » » »
31 d 20 » rose..	» » » »

1866. *Grand chiffre, non piq. ou piq. 13.*

| 32. 5 centec. bleu...... | » 75 | » 25 |
| 33. 10 » vert...... | 1ᶠ » | » 50 |

| 34. 15 centec. jaune... | 1ᶠ50 | » 50 |
| 35. 20 » carmin.. | 2ᶠ » | » 50 |

Les mêmes, couleurs très-pâles.

Les mêmes, avec fautes.

32 a 5 cent. (*sans* S)..	3ᶠ »	1ᶠ »
32 b 5 » (S *de travers*)	2ᶠ »	» 75
32 c 5 » (*blanc dans la tête du chiffre.*).......	3ᶠ »	1ᶠ50

TIMBRE POUR JOURNAUX

| 38. 1 centes. noir...... | » 25 | » » |

ENVELOPPES.

1866. *Chiffre, relief et couleur sur blanc.*

		Neufs.	Oblitér.
36. 5 centec. bleu....	» 75	» »
37. 10 » vert....	1ᶠ25	» »

Les mêmes, avec cente*Simos.*

| 39. 5 centes. bleu..... | » 75 | » » |
| 40. 10 » vert..... | 1ᶠ25 | » » |

POUR LE SERVICE DE L'ADMINISTRATION.

| 41. Ovale en long. rouge | 3ᶠ » | » » |
| 42. Ovale en haut. bleu. | 3ᶠ » | » » |

ESSAIS.

A. Type de 1866, noir sur papier carton, 5 c., 10 c., 15 c., 20 c., chacun...................... 3 fr.

B. Les mêmes, en couleurs foncées, sur papier carton, 5 c. bleu, 10 c. vert, 15 c. jaune. 20 c. carmin, chacun..................... 3 fr.

NATAL (Afrique).

1857. *Nom, couronne et valeur en relief, sur pap. de couleur.*

<table>
<tr><td></td><td></td><td>Neufs.</td><td>Oblitér.</td></tr>
<tr><td>1. 1 penny jaune.....</td><td>»</td><td>»</td><td>4f »</td></tr>
<tr><td>2. 1 » rose.......</td><td>»</td><td>»</td><td>5f »</td></tr>
<tr><td>3. 1 » bleu.......</td><td>»</td><td>»</td><td>6f »</td></tr>
<tr><td>4. 3 pence rose......</td><td>»</td><td>»</td><td>5f »</td></tr>
<tr><td>5. 6 » vert......</td><td>»</td><td>»</td><td>10f »</td></tr>
<tr><td>7. 9 » bleu......</td><td>»</td><td>»</td><td>10f »</td></tr>
<tr><td>8. 1 shill. café au lait</td><td>»</td><td>»</td><td>12f »</td></tr>
</table>

Anciens de 1857 réimprimés.

1 bis. 1 penny jaune clair.	4f	»	»	»
2 bis. 1 » rose......	4f	»	»	»
3 bis. 1 » bleu......	4f	»	»	»
4 bis. 3 pence rose......	4f	»	»	»
5 bis. 6 » vert......	4f	»	»	»
7 bis. 9 » bleu......	4f	»	»	»
8 bis. 1 shil chamois...	4f	»	»	»

1860. *Reine, couleur sur blanc.*

9. 1 penny carmin...	»	»	» 25	
10. 3 pence bleu......	»	»	» 50	
11. 6 » gris lilas..	»	»	1f »	

Les mêmes, étoile en filigrane, non dentelés.

12. 1 penny carmin...	»	»	»	»
13. 3 pence bleu......	»	»	»	»

Les mêmes, piq. 13, 13 1/2, 14, 15 1/2.

14. 1 penny rouge....	»	»	» 50	
15. 3 pence bleu	»	»	» 75	

Les mêmes, CC en filigrane.

		Neufs.	Oblitér.
16. 1 penny rouge....		» 25	» 15
17. 3 pence bleu......		» 75	» 25
18. 6 » violet....		1f50	» 50

1867. *Type différent.*

19. 1 shil. vert........		2f 50	1f »

NÉVIS (Amérique).

1861. *Trois femmes au bord d'une source, piq. 13.*

1. 1 penny rouge.....	» 35	»	»
2. 4 pence rose......	1f25	»	»
3. 6 » violet.....	1f50	»	»
4. 1 shil. vert.......	3f »	»	»

1867. *Type ordinaire, piq. 14.*

5. 1 penny vermillon...	» 25	»	»
6. 4 pence jaune......	1f »	»	»
7. 6 » violet	1f 50	»	»
8. 1 shil. vert bleu...	2f 50	»	»

NICARAGUA (Amérique).

1862. *Montagnes, piq. 12.*

1. 2 cent. bleu.......	» 50	»	»
2. 5 » noir.......	» 75	»	»

1869. *Type légèrement différent.*

3. 10 cent. rouge.....	2f »	»	»
4. 25 » vert.......	3f »	»	»

NORVÉGE.

1854. *Lion dans un écusson.*

1. 4 sk. bleu.........	3f »	» 25	

1854-57. *Oscar Ier, piq. 13.*

2. 2 sk. jaune.......	»	»	» 15
3. 3 » lilas........	»	»	» 15
4. 4 » bleu........	»	»	» 10
5. 8 » carmin.......	»	»	» 15

1863. *Lion dans un écu, piq. 14.*

Neufs Oblitér.

6. 2 sk. jaune.......	» 25 »	»
7. 3 » lilas........	» 35 »	»
8. 4 » bleu........	» » »	15
9. 8 » rose........	» » »	15
10. 24 » bistre......	» » »	50

1867. *Type légèrement différent, chiffre avant et après skill.*

11. 1 skil. noir......	» 15 »	»
12. 2 » jaune.....	» 25 »	»
13. 3 » lilas.....	» 35 »	15
14. 4 » bleu.....	» 50 »	15
15. 8 » rose.....	» 75 »	25
16. 24 » bistre....	2f25 »	25

1866. *Spécial à la ville de Drontheim.*

17. » brun........	» 25 »	»
17a. » brun pâle...	» 35 »	»
17b. » jaune.......	» 35 »	»

1865-68. *Spéciaux à la ville de Bergens.*

18. « trois tours, brun » 60 » »

19. 2 skil. rose, *piq.* 9. » 25 » »

1869. *Spéciaux à la ville de Drammen.*

20. 1 skil. bleu s. rose.	» 25 »	»
21. 1 » bleu s. blanc	» 25 »	»
22. 1 » violet.....	» 25 »	»

Neufs. Oblitér.

23. 2 skil. vert........	» 50 »	»
24. 2 » violet......	» 50 »	»

Oblongs.

25. 1 skil. noir s. jaune	» 25 »	»
26. 2 » rose.......	» 50 »	»

NOUVEAU - BRUNSWICK (Amérique).

1857. *Fleurs de la Grande-Bretagne.*

1. 3 pence brun rouge	» »	1f »
2. 6 » jaune.....	» »	8f »
3. 1 shill. violet......	» »	20f »

1860. *Types divers, piq. 12.*

4. 1 c. brun (locomotive).......	» 50 »	»
5. 1 » violet (locom).	» 25 »	»
6. 2 » orange (reine).	» 25 »	»
7. 5 » vert (reine)..	» 50 »	15
8. 5 » vert foncé (r.).	» » »	25
9. 10 » rouge (reine).	1f » »	50
10. 12 » 1/2 bleu (steamer........	1f25 »	35

11. 17 c. noir (prince de Galles)..... 2f » 1f25

ESSAI.

Neufs. Oblitér.
A. 5 brun............. 6f » » »

NOUVELLE-CALÉDONIE
(Océan Pacifique).
1860. Napoléon III, lithographie.

1. 10 cent. gris...... 2f » » »

Nota. La feuille est composée de 50 timbres tous différant un peu du dessin.

Elle vaut environ.. 80f » » »
La même, photog.... 3f » » »

NOUVELLE-ÉCOSSE (Amérique).
1858. Carré, reine, couleur sur bleuté
1. 1 penny brun rouge 5f » 2f »

Fleurs de la Grande-Bretagne.

2. 3 pence bleu...... 2f » » 50
3. 6 » vert...... » » 2f »
4. 6 » vert jaune » » 3f »
5. 1 shill. violet..... » » 30f »

1861. Reine, face ou profil, piq. 12.
6. 1 cent noir........ » 20 » 15
7. 2 » lilas........ » 30 » 25
8. 5 » bleu....... » 50 » 10
9. 5 » bleu foncé.. » » » 15
10. 8 1/2 » vert....... 1f » » 75
11. 10 » vermillon . 1f » » 25
12. 12 1/2 » noir....... 1f25 » 25

NOUVELLE-GALLES DU SUD (Océanie).
1850. Vue de Sidney.

Neufs. Oblitér.
1. 1 penny carmin sur
        bleuté... » » 5f »
2. 1 » carmin sur
        blanc.... » » 5f »
3. 1 » carmin avec
        nuages... » » 5f »
4. 1 » brun...... » » 5f »
5. 1 » carmin foncé » » 5f »
6. 2 pence bleu...... » » 5f »
7. 2 » ardoise.... » » 5f »
8. 2 » bleu noir.. » » 5f »
9. 2 » bleu, stries
        verticales. » » 7f »
10. 2 » bleu, stries
        horizont.. » » 5f »
11. 2 » bleu, avec
        nuages... » » 5f »
12. 2 » bleu, sans
        nuages... » » 5f »
13. 3 » vert clair.. » » 3f »
14. 3 » vert foncé. » » 5f »

1852. Effigie laurée, papier bleuté.

15. 1 penny rouge..... » » 2f »
16. 1 » rouge brun » » 3f »
17. 2 pence bleu...... » » » 50
17b 2 » bleu, avec
    étoile dans les angles » » 3f »
18. 2 » violacé.... » » 1f »
19. 3 » vert...... » » 1f50
20. 6 » brun..... » » 3f »
21. 8 » jaune..... » » 15f »

Même type, papier blanc.

22. 1 penny rouge..... » » 2f »
23. 2 pence bleu...... » » 1f »
24. 2 » bleu pâle.. » » 1f »
25. 3 » vert....... » » 1f25

1861. Même genre, effigie diadémée.

		Neufs.	Oblitér.
26.	1 penny rouge vif..	» »	1f50
27.	1 » orange....	» »	1f »
28.	2 pence bleu......	» »	1f »
29.	3 » vert......	» »	1f »

Les mêmes, piq. 12, 13.

30.	1 penny rouge vif.	» »	1f50
31.	1 » orange....	» »	» 50
32.	1 » rouge pâle.	» »	» 25
33.	2 pence bleu......	» »	» 50
34.	2 » bleu vif...	» »	» 50
35.	3 » vert foncé.	» »	» 75
36.	3 » vert clair.	» »	» 75

Grands timbres, fond octogone.

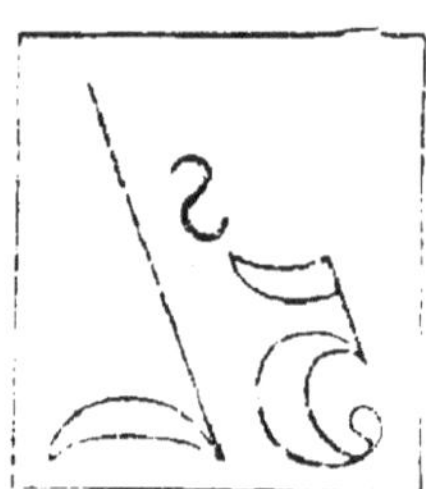

37.	5 pence vert......	3f50	» »
38.	6 » vert......	» »	1f »
39.	6 » gris........	» »	1f »
40.	8 » jaune.....	» »	2f »
41.	1 shill. rouge pâle.	» »	1f »
41b	1 » rouge....	» »	2f »

Les mêmes, piq. 12, 13.

42.	5 pence vert......	1f50	» »
43.	5 » vert foncé.	2f50	» »
44.	6 » gris........	» »	1f »
45.	6 » brun......	» »	1f »
46.	6 » verdâtre ..	» »	1f »
47.	6 » violet.....	1f50	» 25
48.	8 » jaune.....	2f »	1f »
49.	1 shill. rougeâtre .	» »	» 50
50.	1 » carmin vif.	» »	» 50
51.	1 » rose......	2f50	» 35

52. 5 shill. violet (rond) » » 2f »

1862. *Effigie, cadre cintré, p. 13.*

		Neufs.	Oblitér.
53.	2 pence bleu......	» 50	» 25

1864. *Effigie, papier glacé, piq. 13, 14.*

54.	1 penny rouge....	» 25	» »
55.	1 » brique....	» »	» 50
56.	1 » brique, sans filigrane..	» »	» »

1868. *Couleur sur blanc, piq. 13.*

65.	10 pence lilas......	2f »	» 75

1868. *Effigie dans un lozange.*

66. 4 pence rouge..... 1f » » 50

REGISTERED. *Effigie.*

57.	Orange et bleu, sans filigrane.........	» »	4f »
58.	Rouge et bleu, sans filigrane.........	» »	1f50

Piq. 12, 13.

59.	Orange et bleu, avec filigrane.........	» »	4f »
60.	Rouge et bleu, avec filigrane.........	1f50	» 75

Depuis le n° 22, tous les timbres, à de rares exceptions près, ont un chiffre en filigrane; on trouve quelquefois des timbres imprimés par erreur sur un filigrane d'une autre valeur.

BANDES POUR IMPRIMÉS.

1864. Ovale, effigie, relief et couleur.

		Neufs.	Oblitér.
61.	1 p. rouge, papier uni	» »	1f »
62.	1 p. rouge, p. vergé	» 50	» »
63.	1 p. rouge pâle, p. vergé	» 50	» 35

1865. Timbre de 1864, imprimé sur bande.

64.	1 penny rouge	» 35	» »

NOUVELLE-GRENADE.

1859. Confed. Grenadina, Corréos Nacionales. *Valeur en gros chiffres.*

1.	5 centav.	violet	2f	»	»	»
2.	5 »	brun	3f	»	»	»
3.	5 »	brun foncé	3f	»	»	»
4.	10 »	jaune	4f	»	»	»
5.	20 »	bleu	10f	»	»	»

1860. *Les mêmes, petits chiffres.*

6.	2 1/2 centav.	vert	3f	»	»	»
7.	2 1/2 »	vert foncé	3f	»	»	»
8.	2 1/2 »	vert jaune	3f	»	»	»
9.	5 »	bleu	3f	»	»	»
10.	5 »	lilas	3f	»	»	»
11.	5 »	gris	3f	»	»	»
12.	10 »	jaune	3f	»	»	»
13.	10 »	orange	3f	»	»	»
14.	10 »	rouge	3f	»	»	»
15.	20 »	bleu	3f	»	»	»
16.	20 »	bleu foncé	3f	»	»	»

			Neufs.	Oblitér.
17.	1 peso rose vif	10f	»	» »
18.	1 » rose	9f	»	» »
19.	1 » rose, s. bleuté	8f	»	» »

1861. *Grand format.* Estados Unidos de Nueva Grenada.

20.	2 1/2 centav. noir	18f	»	»	»
21.	5 » jaune	6f	»	»	»
22.	5 » jaune terne	6f	»	»	»
23.	10 » bleu	»	»	6f	»
24.	20 » rouge	6f	»	»	»
25.	1 peso rose	12f	»	»	»

1862. E. U. de Colombia, etc. *Étoiles autour des armoiries.*

26.	10 centav. bleu	5f	»	»	»
27.	20 » rouge	8f	»	»	»
28.	50 » vert	8f	»	»	»
29.	1 peso lilas	15f	»	»	»

1863. *Même genre. lauriers, neuf étoiles en haut.*

30.	5 centav. jaune	1f50	»	»
31.	10 » bleu	»	»	1f50
32.	10 » bleu foncé	»	»	1f50
33.	10 » bleu, pap. bleuté	»	»	2f »
34.	20 » rouge	»	»	3f »
34a	20 » vert	10f	»	» »
35.	50 » vert	»	»	4f »
35a	50 » rouge	6f	»	» »

1864. *Même type, fond plein.*

36.	5 centav. jaune	1f25	» 75
37.	10 » bleu	1f50	» 75
38.	20 » rouge	2f50	» »
39.	50 » vert	6f	» »

Neufs. Oblitér.

40. 1 peso lilas..... 10f » » »

; 1865. *Armoiries, aigle en haut.*

41. 5 centav. jaune..... 1f25 » 75
42. 1C » lilas...... 1f50 » 50
43. 10 » violet..... 1f50 » 30
44. 20 » bleu...... 2f50 » 75
45. 50 » vert...... 5f » » »
46. 1 peso carmin.... 10f » » »
41 *bis*. 5 cent. jaune pâle 1f25 » »
45 *bis*. 50 » vert clair... 5f » » »
46 *bis*. 1 peso vermillon. 10f » » »

1866-67. *Couleur sur blanc.*

47. 1 cent. rose...... » 20 » »
56. 5 » orange.... » 75 » »

57. 10 centav. lilas..... 1f » » 50
58. 20 » bleu..... 2f » 1f »
59. 50 » vert..... 5f » » »

66. 1 peso rouge.... 10f.» » »

1868. *Noir sur couleur, glacé.*

Neufs. Oblitér.

61. 5 peso vert........ 40f » » »
62. 10 » rouge....... 70f » » »

1868-69. *Armoiries, coul. s . blanc.*

68. 5 cent. jaune..... » 75 » »
69. 10 » lilas...... 1f25 » 50
70. 20 » .... » » » »
71. 50 » .... » :) » »
72. 1 peso .... » » » »

CHIFFRE-TAXE.

Triangulaire.

48. 2 1/2 cents lilas... » 50 » »

Pour lettres chargées.

49. 5 cent. blanc, R et étoile » 75 » »

Neufs. Oblitér.

50. 5 cent. blanc, A et couron. » 75 » »

51. 25 cent. bleu....... 3ᶠ » » »
52. 50 » jaune...... 5ᶠ » » »

53. 1 peso rose....... 10ᶠ » » »

1868. *Type différent, noir sur coul.*

63. 25 cent. chair...... 3ᶠ » » »
64. 50 » vert....... 5ᶠ » » »
65. 1 peso bleu....... 10ᶠ » » »

Grande vignette en chromo.

54. 25 cent. tricolore .. 3ᶠ50 » »
55. 50 » tricolore... 6ᶠ » » »

1868. *Type différent.*

Neufs. Oblitér.

66. 50 cent. tricolore... 6ᶠ » » »

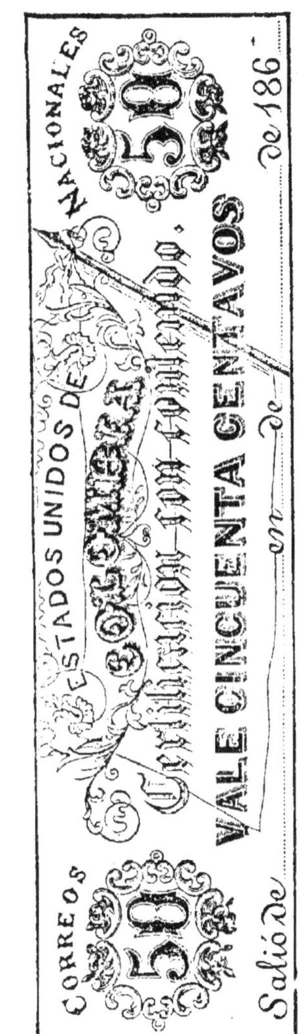

Même genre pour l'usage officiel.

67. Noir s. papier bleu. 4ᶠ » » »

Voir Bolivar et Antioquia.

NOUVELLE-ZÉLANDE (Océanie).

1855. Reine, couleur sur bleuté.

		Neufs.	Oblitér.
1. 1 penny brun rouge	»	» 8f	»
2. 2 pence bleu......	»	» 2f	»
3. 1 schill. vert......	»	» 5f	»

1859. Même type, papier blanc épais

4. 1 penny rouge.. ..	»	» 1f50
5. 2 » bleu......	»	» 1f »
6. 6 » brun clair.	»	» 1f »
7. 1 schill. vert......	»	» 2f »
8. 1 » vert bleu..	»	» 2f50

1861. Les mêmes, papier mince.

9. 2 pence bleu......	»	» 2f »
10. 6 » marron ..	»	» 2f »
11. 1 schill. vert......	»	» 2f »

Les mêmes, dentelés à la roulette ou à la machine, per. li. et p. 13.

12. 2 pence bleu.....	»	» 2f »
13. 6 » marron...	»	» 2f »
14. 1 schill. vert.... .	»	» 2f »

Les mêmes, étoile en filigrane, non dentelés ou per. li. ou piq. 13.

15. 1 penny rouge....	» 25	» »
16. 2 pence bleu......	» 50	» 25
17. 3 » violet....	» 75	» »
18. 4 » rose......	» »	1f50
19. 4 » jaune.. ..	1f25	» 75
20. 6 » brun noir.	» »	» 35
21. 6 » marron...	» »	» 35
22. 1 schill. vert......	» »	» 50
23. 1 » vert jaune	» »	» 50

Les mêmes, N.Z. en filigrane, non dent. ou per. li. ou piq. 13, 1/2.

24. 1 penny rouge.....	» 25	» »
25. 2 pence bleu......	» 50	» 25
26. 3 » violet....	» 75	» »
27. 6 » brun.....	1f50	» 25
28. 1 schill. vert......	2f50	» 75

OCÉAN PACIFIQUE.

(Navigation à vapeur de l').

1857. Navire, couleur sur bleuté.

		Neufs.	Oblitér.
0. 1/2 oz. 1 real bleu.	»	»	» »
00. 1 oz. 2 » carmin.	»	»	» »

Les mêmes couleur sur blanc.

1. 1/2 oz. 1 réal bleu..	3f »	» »
2. 1/2 » 1 » vert ..	3f »	» »
3. 1/2 » 1 » carmin	3f »	» »
4. 1/2 » 1 » orange	3f »	» »
5. 1 » 2 » bleu..	3f »	» »
6. 1 » 2 » brun..	3f »	» »
7. 1 » 2 » carmin	3f »	» »
8. 1 » 2 » orange	3f »	» »
9. 1 » 2 » vert ..	3f »	» »

OLDENBOURG.

1852-1855. Valeur dans un écusson noir sur couleur, carré.

1. 1/3 silb. vert.....	2f »	1f »
2. 1/30 thal bleu....	» »	» 25
4. 1/15 » rose....	» »	» 75
5. 1/10 » jaune...	» »	» 75

1860. Plus grands, noir sur couleur.

6. 1/3 grosch vert....	2f »	» »
7. 1 » bleu....	» »	» 35
8. 2 » rose....	» »	1f »
9. 3 » jaune...	» »	1f25

1861. Les mêmes, couleur sur blanc.

10. 1/4 grosch orange..	» 75	» »
11. 1/3 » vert....	1f50	» »
12. 1/3 » vert clair	» »	» 75
13. 1/2 » brun...	1f »	» »
14. 1 » bleu....	1f25	» »
15. 2 » rouge...	1f50	» »
16. 3 » jaune...	2f »	» »

1862. *Ovales relief et coul. per. li.*

				Neufs.		Oblitér.	
17.	1/3	grosch	vert....	»	10	»	»
18.	1/2	»	orange..	»	10	»	»
19.	1	»	rose....	»	25	»	»
20.	2	»	bleu....	»	35	»	»
21.	3	»	bistre ..	»	50	»	»

ENVELOPPES.

1861. *Ovales relief et couleur.*

22.	1/2	grosch	marron.	1f	»	»	»
23.	1	»	bleu....	1f25	»	»	»
24.	2	»	rose....	1f50	»	»	»
25.	3	»	jaune...	1f75	»	»	»

1862. *Même type.*

26.	1/2	orange........	»	25	»	»
27.	1	rose.........	»	35	»	15
28.	2	bleu..........	»	50	»	25
29.	3	bistre........	»	75	»	35

1866. *Enveloppes de la guerre.*

30. Noir sur blanc..... » 50 » »

ORANGE (Afrique).

1868. *Oranger et trois cors, coul. s. blanc; piq. 14*

1.	1 penny brun......	»	25	»	»
2.	6 pence rose.......	1f50	»	»	»
3.	1 shil jaune.......	2f50	»	»	»

PARAGUAY (Amérique).

1868. *Steamer, couleur s. blanc.*

		Neufs.		Oblitér.	
1.	5 cent. rouge.....	»	»	50	»

ESSAIS.

1862. *Essai officiel, coul. sur blanc.*

A, noir, B, rouge; C, bleu; D, carmin; E, brun; F, violet, etc.

Chacun.............. 10f » »

Ces timbres ont été imités en grand nombre.

1867. *Essai de fantaisie?*
petit lion.

PARME.

1852. *Fleur de lis, couleur sur blanc.*

1.	5 cent.	jaune.....	»	»	2f	»
2.	5	»	orange....	»	»	2f	»
3.	15	»	rouge.....	»	»	» 75
4.	15	»	rouge foncé	»	»	1f	»
5.	25	»	brun......	»	»	» 75

1857. Même type, noir sur couleur.

Neufs. Oblitér.

6. 5 cent. jaune..... » 50 » 25
7. 5 » jaune foncé » 50 » 25
8. 10 » blanc...... » 50 » 25
9. 15 » rose....... » » » 25
10. 25 » violet..... » » » 50
11. 40 » bleu....... » » » 50

1858. Id. petit écusson, couleur sur blanc.

12. 15 cent. rouge...... » 25 » »
13. 25 » brun...... » 25 » »
14. 40 » bleu....... » 25 » »

1856. Pour journaux, octogone, noir sur couleur.

15. 6 cent. rose....... » 25 » »
16. 6 » rose pâle.. » 50 » »
17. 9 » bleu....... » 25 » »
18. 9 » bleu pâle.. » 50 » »

GOUVERNEMENT PROVISOIRE.

1859. Octogone, couleur sur blanc.

19. 5 cent. vert....... » 25 » »
20. 5 » vert bleu.. » 50 » »
21. 10 » brun...... » 25 » »
22. 20 » bleu...... » 25 » »
23. 40 » rouge..... » 25 » »
24. 40 » brun...... » 50 » »
25. 80 » jaune...... 1f50 » »
26. 80 » jaune foncé. 1f50 » »

PAYS-BAS.

1852. Roi Guillaume, cor en filigr.

1. 5 cent. bleu foncé. » » » 75
2. 5 » bleu...... » 50 » 10
3. 10 » rouge..... » 60 » 10
4. 10 » rouge foncé » » » 10
5. 15 » orange.... » 75 » 15
6. 15 » orange foncé » » » 25

1864. Même effigie, piq. 12.

7. 5 cent. bleu...... » 25 » 10
8. 10 » carmin.... » 50 » 10
9. 15 » orange.... » 75 » 15

1867-68. Couleur sur blanc, piq. 12.

Neufs. Oblitér.

10. 5 cent. bleu....... » 25 » 10
11. 10 » rouge..... » 40 » 10
12. 15 » marron... » 60 » 15
13. 20 » vert...... » 75 » 25
14. 25 » violet..... 1f 25 » 25
15. 50 » doré....... 2f » » 25

TIMBRES DE JOURNAUX.

1868-69. Armes, coul. sur blanc, piq. 14.

16. 1 cent. noir...... » 15 » »
17. 2 » jaune..... » 10 » »
18. 1 » vert...... » 05 » »
19. 1 1/2 rose....... » 10 » »

ESSAIS.

1866. Couleur sur blanc.

A 5 cents coul. div., chaq. » 25 » »
B 10 » » » » 25 » »

PÉROU.

1858. Armoiries, fond ondulé.

1. 1 dinero bleu..... » » 2f »
2. 1 peseta rouge.... » » 4f »
3. 1/2 peso jaune..... » » 25f »
3b 1/2 » rose........ » » » »

Mêmes, encadrement à double ligne.

Neufs. Oblitér.
4. 1 dinero bleu pâle. 1ᶠ » 2ᶠ50
5. 1 peseta rouge .... » » 5ᶠ »

Mêmes, ligne simple, fond en zigzag.

6. 1 dinero bleu...... 2ᶠ » » 50
7. 1 peseta rouge..... » » 1ᶠ75

Mêmes, armoiries fond blanc.

8. 1 dinero bleu..... » » » 50
9. 1 peseta rouge..... » » 1ᶠ75

1863. *Armoiries en relief.*

10. 1 dinero vermillon. 1ᶠ » » 50
11. 1   »   rouge pâle 1ᶠ » » 25
12. 1   »   rose...... 1ᶠ » » 50
13. 1 peseta brun..... 2ᶠ » » 50

1866-67. *Lamas. Gravé, piq. 12.*

14. 5 cent. vert..... » 75 » 50
15. 10 » vermillon. 1ᶠ25 » 35
16. 20 » brun..... 2ᶠ » » 75

1868. *Type de 1863, relief.*

20. 1 dinero vert..... 1ᶠ50 » 50

1866-67. *Timbres de commerce ayant pu servir comme timbres-poste.*

17. 10 cent. vert..... » » » 25
18. 25 » bleu..... » » 1ᶠ »
19. 1 sol bistre...... » » 1ᶠ 50

Essais. *Types officiels de 1863.*

A. 1 dinero noir s. bleu.. 3ᶠ » »
B. 1 peseta » s. blanc. 3ᶠ » »

PERSE.

ESSAIS.

1866. *Lion couché.*

Neufs. Oblitér.
A. div. couleurs, chaque » 50 » »

1860. *Lion debout.*
B. diverses couleurs.... » » » »

PHILIPPINES. Luçon (Océanie).

1854 Y 55. *Reine Isabelle, gravés.*

1. 5 cuart. orange.... » » 25ᶠ »
2. 10 » carmin foncé 15ᶠ » » »
3. 10 » rose tr.-pâle 25ᶠ » » »
4. 1 r. fuerté bleu foncé 25ᶠ » » »
5. 1 » ardoise.... 25ᶠ » » »
6. 1 » ardoise, avec
        CORROS... » » » »
7. 2 » vert jaune.. 25ᶠ » » »
8. 2 » vert....... 25ᶠ » » »

1854 Y 55. *Même genre, lithographiés.*

9. 5 cuart. orange.... 25ᶠ » » »
10. 10 cuart. lilas...... » » » »

1856. *Type d'Espagne 1855, papier bleu, boucles en filigrane.*

11. 1 réal vert........ 1ᶠ50 » »
12. 2 » carmin...... 2ᶠ » » »

1860. *Même genre, papier blanc uni, base du buste coupée droit.*

Neufs.Oblitér.
13. 5 cuart. orangé..... 15f » » »
14. 5 » vermillon.. » » 5f »
15. 10 » rose lilas... 2f » » »

1861-62. *Même genre,*
CORREOS. INTERIOR.

16. 5 cuart. rouge vif. 4f » » »

Idem. Légendes plus petites,
CORREOS. INTERIOR.
17. 5 cuart. rouge laiteux » » 6f »

1863. *Même type,*
CORREOS : INTERIOR.

18. 5 cuart. vermillon. 1f » » »
19. 5   vermillon
        (variété).. 3f » » »
20. 10 » carmin.... 10f » » »
21. 1 réal violet..... 25f » » »
22. 2 » bleu...... 20f » » »

1864. *Idem,* CORREOS.
23. 1 réal vert........ 5f » » »
24. 1 » vert clair... 5f » » »
24a 1 » vert bleu, *type*
        différent.. 5f » 3f »

1864. *Type d'Espagne.*

25. 3 1,8 c. p.f. noir sur
        chamois 1f » » »

Neufs. Oblitér.
26. 6 2/8 c.p.f. vert sur
        rosé... 1f » » »
27. 12 4/8 » bleu sur
        rouge.. 1f25 » »
28. 25 » rouge sur
        rosé... 2f » » »
La collection.......... 5f » » »
        Voir Cuba.

POLOGNE.

1860. *Aigle à deux têtes,* ZALOTKOP,
pig. 12.

1. 10 kop. bleu et rose 1f » » 50
1. bis id. clair...... » » » 35

ENVELOPPES.

1860. *Rondes, armoiries russes.*

2. 3 kop. bleu (s. coin) 1f » » »
3. 3 » bleu (s. patte) 1f » » »
4. 10 » noir........ 1f50 » »

1858. *Rondes timbrées à la patte de l'enveloppe, peu visibles, signatures derrière, rouges.*

5. kop. grand format 4f » » »
6. » petit format. 4f » » »

PORTUGAL.

1853. Dona Maria, relief et couleur.

			Neufs.	Oblitér.
1. 5	reis	brun jaune.	6f » 3f	»
2. 5	»	chocolat....	» » 3f	»
3. 25	»	bleu	» »	» 25
4. 50	»	vert........	» » 1f	»
5. 100	»	vio'et......	» » 3f	»

Les mêmes, réimprimés.

1 b. 5	reis	brun......	1f50	»	»
3 b. 25	»	bleu......	1f	»	»
4 b. 50	»	vert......	1f50	»	»
5 b. 100	»	lilas.......	2f	»	»

1855. D. Pedro, cheveux lisses.

6. 5	reis	brun rouge.	» »	» 50
7. 5	»	marron.....	» »	» 50
8. 25	»	bleu.......	» »	» 50
9. 50	»	vert........	1f »	» »
10. 100	»	lilas.......	1f50	» »

1857. Les mêmes, cheveux bouclés.

11. 5	reis	brun jaune.	» »	» 50
12. 5	»	brun noir..	» »	» 50
13. 25	»	bleu.......	» »	» 20
13 b. 25	»	b'eu (enca- drement dif- férent).......	» »	» 50
14. 25	»	rose........	» 40	» 10

1862. D. Luis, à gauche.

15. 5	reis	brun.......	» 15	» 05
16. 10	»	jaune......	» 20	» 10
17. 25	»	rose.......	» 35	» 05
18. 50	»	vert........	1f »	» 50
19. 100	»	lilas.......	1f50	» 75

1866. Rectangulaires D. Luis.

| 20. 5 | reis | noir..... | » 25 | » » |
| 21. 10 | » | jaune.... | » 25 | » » |

			Neufs.	Oblitér.
22. 20	reis	jaune bistre	» 35	» »
23. 25	»	rose.....	» 50	» »
24. 50	»	vert......	» 75	» »
25. 80	»	orange....	1f25	» »
26. 100	»	violet.....	1f50	» »
27. 120	»	bleu......	1f50	» »
28. 240	»	....	» »	» »

1867-68. Les mêmes, piq. 12 1/2.

29. 5 reis	noir........	» 10	» »
30. 10 »	jaune.......	» 15	» »
31. 20 »	bistre.......	» 25	» 10
32. 25 »	rose........	» 35	» 10
33. 50 »	vert........	» 50	» 25
34. 80 »	orange......	1f »	» 10
35. 100 »	violet.......	1f »	» 50
36. 120 »	bleu........	1f25	» 50

PRINCE ÉDOUARD (Amérique).

1860. Effigie de la reine, piq. 9, 11, 12.

1. 1 penny	jaune.....	» 25	» »
2. 2 pence	rose......	» 50	» »
2a 2 »	rose terne.	1f »	» »
3. 3 »	bleu......	» 75	» 50
6. 4 »	noir......	1f »	» »
4. 6 »	vert......	1f50	» 75
5. 9 »	lilas......	2f »	1f »

PRUSSE

1850. Effigie couleur sur blanc, feuillage en filigrane.

| 1. 4 pf. | vert......... | 1f » | » 20 |
| 2. 6 pf. ou 1/2 sibl. rouge | 1f » | » 10 |

Idem sans filigrane. Réimpression.

| 3. 4 pf. | vert......... | » 50 | » » |
| 4. 6 pf. ou 1/2 silb. rouge | » 50 | » » |

Même type, noir sur couleur, fili-grane.

                          Neufs. Oblitér.

5. 1 silb. rose........ » » » 10
6. 2 » bleu........ » » » 10
7. 3 » jaune...... » » » 15
8. 3 » jaune clair.. » » » 20

Idem réimprimés, sans filigrane.

9. 1 silb. rose........ » 75 » »
10. 2 » bleu....... » 75 » »
11. 3 » jaune....... » 75 » »

Idem couleur sur blanc.

9bis 1 silb. carmin..... 4f » » »
10id.2 » bleu....... 4f » » »
11id.3 » jaune...... 4f » » »

1856. *Même genre, fond uni, couleur sur blanc.*

12. 1 silb. rose........ » » » 15
13. 1 » rose foncé... » » » 25
14. 2 » bleu........ » » » 15
15. 2 » bleu foncé.. » » » 25
16. 3 » jaune........ » » » 15
17. 3 » orange..... » » » 25

1858. *Même type, fond quadrillé.*

18. 4 pf. vert........ » 50 » 25
19. 1 silb. rose........ » » » 10
20. 1 » rose pâle... » » » 10
21. 2 » bleu........ » » » 10
22. 2 » bleu pâle... » » » 10
23. 3 » jaune....... 1f » » 10

1861. *Aigle, relief et couleur, per. li.*

24. 3 pf. violet....... » 10 » »
25. 4 » vert........ » 10 » 05
26. 6 » rouge...... » 10 » 05
27. 1 silb. rose........ » 15 » 05
28. 2 » bleu terne.. » » » 25
29. 2 » bleu vif.... » 25 » 05
30. 3 » bistre...... » 30 » 05
La collection des 6 valeurs .... » 75 » »

1866. *Oblong, chiffre; imprimé en couleur sur baudruche gommée, per. li.*

61. 10 silb. rose........ 2f » 25
62. 30 » bleu........ 4f 1f 50

1867. *Pour l'Allemagne du sud. Couleur et relief sur blanc per. li.*

                          Neufs. Oblitér.

63. 1 kr. vert......... » 10 » »
64. 2 » orange...... » 15 » 10
65. 3 » rose........ » 15 » 10
66. 6 » bleu........ » 25 » 10
67. 9 » bistre....... » 25 » 10
La collection des 5 valeurs .... » 60 » »

ENVELOPPES.

1851. *Ovales, Guillaume IV en relief, fils de soie en travers.*

31. 1 silb. rose foncé.. » » » 50
32. 1 » rose pâle... » » » 50
33. 2 » bleu foncé.. » » » 50
34. 2 » bleu pâle... » » » 50
35. 3 » orange..... » » » 50
36. 3 » jaune...... » » » 50

1857. *Les mêmes, sans fils de soie.*

37. 1 silb. rose foncé... 1f » » 15
38. 1 » rose pâle... 1f » » 15
39. 2 » bleu foncé.. 1f » » 25
40. 2 » bleu pâle... 1f » » 25
41. 3 » orange..... 1f » » 25
42. 3 » jaune...... 1f » » 25

1852. *Octogones, fils de soie.*

43. 4 silb. brun....... » » 3f »
44. 5 » violet....... » » 3f »
45. 6 » vert........ » » 3f »
46. 7 » brique...... » » 4f »

Les mêmes réimprimées, sans fils.

47. 4 silb. brun....... 2f » » »
48. 5 » violet...... 2f » » »
49. 6 » vert........ 2f » » ».
50. 7 » brique...... 2f » » »

1861. Ovales, aigle, inscriptions passant au-dessus du timbre.

Neufs. Oblitér.

51. 1 silb. rose........ » » » 25
52. 2 » bleu foncé.. » » » 50
53. 2 » bleu...... » » » 25
54. 3 » bistre..... » » » 25

1863. Les mêmes, inscriptions traversant le timbre.

55. 1 silb. rose........ » 25 » 05
56. 2 » bleu........ » 30 » 05
57. 3 » bistre...... » 40 » 05

1867. Octogones, comme les timbres 1861.

74. 3 pf. lilas........ » 50 » »
75. 6 » rouge........ » 50 » »

1867. Type des timbres de 1867.

68. 1 kr. vert........ » 15 » »
69. 2 » orange....... » 25 » »
70. 3 » rose........ » 25 » »
71. 6 » bleu........ » 50 » »
72. 9 » bistre....... » 60 » »

1866. Enveloppes de la guerre Feldpostbrief.

58. Noir sur blanc..... » 20 » »
59. Noir sur gris ...... » » » »
60. Noir sur chamois... » » » »

73. Noir sur blanc...... » » » »

1867. Type des timbres 1861; enveloppe spéciale à la société : VICTORIA INVALIDEN-STIFTUNG.

74. 4 pf. vert .... 4f » » »

1868. Id. Type de la Confédération du Nord 1868.

75. 1/3 grosch vert.... » »

QUEENSLAND (Océanie).

1861. Effigie, étoile en filigrane.

Neufs. Oblitér.

1. 1 penny carmin... » » 1f »
2. 2 pence bleu...... » » 1f25
3. 6 » vert....... » » 1f50
4. 1 sh. violet.... » » 2f »

Les mêmes, piq. 13, 14, 15.

5. 1 penny carmin... » » 1f »
6. 1 » orange.... » 25 » »
7. 2 pence bleu...... » 50 » »
8. 2 » bleu foncé. » » » 50
9. 3 » brun...... » 75 » »
10. 6 » vert jaune. » » » 50
11. 6 » vert....... 1f50 » 50
12. 1 sh. violet..... 2f50 » 50
13. registered jaune. 2f » » »
14. » jaune foncé » » 2f »

Les mêmes, papier uni.

15. 1 penny rouge..... » 25 » 10
16. 2 pence bleu...... » 50 » 15
17. 3 » brun...... » 75 » 40
18. 4 » lilas....... 1f25 » 50
19. 6 » vert....... 1f50 » 75
20. 1 sh. brun...... 2f50 1f »
21. 5 » rose....... » » 4f »

Les mêmes avec Q et couronne en filigrane.

RÉUNION (ILE DE LA) (Afrique).

1851. Ornements, noir sur bleu.

15 cents rosace.. 100f » » »
30 » filets.... 100f » » »

Les mêmes, réimpr. (authentiques).

Neufs. Oblitér.

3. 15 cents. rosace... 5f » » »
4. 30 » filets..... 5f » » »

Feuille composée de 6 timbres différant légèrement entre eux, 25 fr.

ROMAGNE.

1859. *Chiffre noir sur couleur.*

1. 1/2 baj. paille..... » 50 » »
2. 1 » gris...... » 50 » »
3. 2 » jaune..... » 50 » »
4. 3 » vert...... » 50 » »
5. 4 » fauve..... » 50 » »
6. 5 » violet..... » 50 » »
7. 6 » vert...... » 50 » »
8. 8 » rose...... » 50 » »
9. 20 » bleu pâle . » 50 » »
La collection....... 3f50 » »

ESSAIS. *Type officiel, noir s. couleur*

2,3,4,6,8,20 baj. sur gris, chacun............ » 50 » »
2 b. vert, 3 jaune, 4 bleu
6 vert foncé, 20 brun. 1f » » »

RUSSIE.

1857. *Armes, deux impressions.*

1. 10 kop. brun et bleu 10f » 3f »

1858. *Même type, papier ordinaire ou vergé, piq. 12 1/2, 15.*

2. 10 kop. brun et bleu 1f » » 10
3. 20 » bleu et orang. 1f50 » 25
4. 30 » rose et vert. 2f » » 25

1863. *Sans relief.*

5. 5 kop. noir et bleu 1f » » »

1864-66. *Couleurs vives, à l'aniline, piq. 12 1/2, 15.*

6. 1 kop. jaune et noir » 10 » 05

Neufs. Oblitér.

7. 3 kop. vert et noir. » 25 » 10
8. 5 » violet et noir » 50 » 25
9. 10 » brun et bleu. » 75 » 10
10. 20 » bleu et orang. 1f50 » 25
11. 30 » rose et vert. 2f » » 25

ENVELOPPES.

1845. *Ronde, correspondance locale.*

12. 5 kop. bleu sans re-
lief...... » 50 » »
13. 5 » bleu vif.... » 75 » »

1848. *Ronde, relief, petit aigle dans un carré en filigrane.*

14. 10 kop. noir........ 1f75 » »
15. 20 » bleu....... 2f50 » »
16. 20 » bleu vert... 2f50 » »
17. 30 » rose........ 3f50 » »

Les mêmes, grand aigle dans un ovale en filigrane.

18. 10 kop. noir....... » 75 » 50
19. 20 » bleu vif.... 1f50 » »
20. 30 » rouge brique. 3f50 » »

1868. *Armoiries, petit ovale relief et couleur sur blanc.*

21. 10 kop. brun ...... » 75 » »
22. 20 » bleu....... 1f50 » »
23. 30 » rose......., 2f » » »

1869. *Armoiries dans un rond, couleur sur blanc.*

24. 5 kop. lilas....... » 50 » »

POSTES LOCALES ?

Bogorodski, *armoiries coul. s. blanc.*

25. 5 kop. bleu....... » » » »

BOROWITZK, *armoiries coul. s. blanc.*

Neufs. Oblitér.

26. 5 kop. noir et rouge » » » »

RIASAU-SKI, *lozange, papier blanc.*

27. 2 kop. noir....... » » » »

SCHUNELBOURG, *armoiries.*

28. 5 kop. noir s. vert. » » » »

TÉLÉGRAPHE.

29. 10 kop brun et rouge. 1f » » »

Voir Compag. de navig. du Levant.

SAINTE-HÉLÈNE (Afrique).

1857. *Reine, étoile en filigrane.*

Neufs. Oblitér

1. 6 pence bleu...... 1f50 »
2. 6 » bleu piq. 13, 14, 15........ 3f » » »

1863. *Même timbre, valeur timbrée en noir.*

3. 1 penny brun carm. » 50 »
4. 1 » id. piq. 13 » 25 » »
8. 2 pence jaune. id .. » 50 » »
9. 3 » violet.. id .. » 75 »] »
5. 4 » rose........ 1f50 » »
6. 4 » id. piq. 13 1f » » »
7. 1 shill. vert piq. 13 2f50 1f50
10. 5 » orange. id .. 10f » »] »

SAINT-KITH (Antilles).

1866. *Effigie (Essai).*

1. Vert .... 3f »
2. Bleu...... .... 3f »
3. Bistre................. 3f »
4. Noir.................. 3f »

SAINTE-LUCIE (Antilles).

1859. *Effigie, étoile en filigrane, piq. 15 1/2.*

1. Rouge............ 1f » » »
2. Bleu............. 2f » 1f50
3. Vert............. 3f » 2f »

1863-65. *Les mêmes, CC en fili-grane, piq. 13.*

Neufs. Oblitér.

		Neufs.	Oblitér.
4.	Rose	» 50	» »
5.	Ardoise	2f »	» »
6.	Vert clair	2f50	» »
7.	Noir	» 25	» »
8.	Jaune	1f »	» 50
9.	Violet	1f50	» 75
10.	Orange	2f50	1f »

SAINT-MARIN (Italie).

1865. *Essai, imp. couleur s. blanc.*

1.	Rouge	» 50	» »
2.	Bistre	» 50	» »
3.	Bleu	» 50	» »
4.	Vert	» 50	» »

SAINT-THOMAS (Antilles).

1860-67. *Type du Danemark.*

1. 3 cents. rouge sur blanc...	3f »	» »
2. 3 » rouge sur brun....	» 50	» »
{ 3. 3 cents, rose sur blanc	» 35	» »

SAINT-THOMAS. — LA GUAIRA. PORTO CABELLO.

1864. *Vaisseau, noir sur couleur.*

1. 1/2 cent. blanc....	» 25	» »
2. 1 » rose....	» 25	» »
2a 1 » violet.. .	» 50	» »

		Neufs.	Oblitér.
3. 2 cent.	vert	» 25	» »
4. 3 »	jaune	» 35	» »
5. 4 »	bleu	» 50	» »

1864. *Vaisseau, couleur sur blanc, piq. 12 1/2.*

6. 1/2 real	rose	1f »	» »
7. 2 »	vert	2f »	1f »
8. 2 »	vert jaune	2f »	1f »
9. 1/2 »	ardoise	1f50	» »
10. 2 »	orange	2f50	» »

1865-67. *Type un peu différent, percés en scie ou per. pa. ob.*

11. 1/2 real.	rose	1f »	» »
12. 2 »	vert	2f »	» 75
13. 2 »	vert jaune	2f »	» 75
14. 1/2 »	bleu	» »	» 75
15. 2 »	jaune	» »	» 75

1869. *Même genre avec CURAÇAO, piq. 12 1/2.*

16. 1/2 real vert	1f »	» 75
17. 2 » rose	2f50	» 50

SAINT-VINCENT (Amérique).

1859-68. *Reine Victoria, piq. 11 1/2 à 15 1/2.*

1. 1 penny carmin	» 25	» »
2. 6 pence vert	1f50	» 75
3. 4 pence bleu	1f »	» »
4. 1 shil. ardoise	2f50	1f25
5. 1 » bleu	» »	1f50
6. 1 » marron	2f50	» »

SALVADOR (Amérique).

1867. Couleur sur blanc, piq. 12.

Neufs. Oblitér.

1. 1/2 real bleu....... 1f »   »   »
2. 1   » vermillon... 1f50 » 75
3. 2   » vert........ 2f25 » 75
4. 4   » brun .... 5f »   2f »

SARAWAK (Mer des Indes)

1868. Couleur sur couleur, piq.

1. 3 cents brun s. jaune »   »   »   »

SAXE.

1850. Chiffre.

1. 3 pf. rose brun.. »   » 3f »
2. 3 » rose...... »   » 3f »

1850. Frédéric-Auguste, à droite, noir sur couleur.

3. 1/2 neug. gris...... »   »   » 25
4. 1   » rose...... »   ▪   » 10
5. 2   » bleu foncé. »   »   » 25
6. 2   » bleu clair.. »   »   » 25
7. 3   » jaune..... »   »   » 25

1852. Armoiries, couleur sur blanc.

Neufs. Oblitér.

8. 3 pf. vert...... » 15 »   »

1854. Roi Jean, à gauche, noir sur couleur.

9. 1/2 neug. gris....... » 25 » 10
10. 1   » rose...... » 25 » 13
11. 2   ▪ bleu foncé. » 50 » 10
12. 3   » jaune..... » 75 » 13

1856. Même type, couleur sur blanc.

13. 5   neug. rouge.... 1f50 » 15
14. 5   » brun...... »   »   » 25
15. 10 » bleu...... 2f50 » 75

1863. Armes, relief et couleur sur blanc. piq. 13 1/2.

16. 3 pf. vert....... » 10 »   »
17. 1/2 neug. rouge..... » 25 »   »
17b 1/2 » jaune...... » 10 » 05
18. 1   » rose ...... » 10 » 05
19. 2   » bleu....... » 10 » 05
20. 3   » bistre..... » 10 » 05
21. 5   » violet..... » 10 »   ▪
21b 5   » lilas...... 1f »   » 25
La série de 6 valeurs .. » 50 »   »

ENVELOPPES.

1859. *Ovales, roi Jean, relief et couleur, timbrées à gauche.*

Neufs. Oblitér.

22.	1 neug.	rose......	» 75	» 25
23.	2 »	bleu foncé.	» 50	» »
24.	3 »	jaune.....	» »	» »
25.	5 »	violet.....	1f »	» 50
26.	10 »	vert.......	2f50	1f »

1862. *Les mêmes, timbrées à droite.*

27.	1 neug.	rose......	» 75	» 25
28.	2 »	bleu clair..	1f »	» »
29.	3 »	jaune.....	» 75	» »
30.	5 »	lilas.......	» »	» »

1863. *Armoiries en relief.*

31.	1/2 neug.	orange....	» 15	» »
32.	1 »	rose......	» 25	» »
33.	2 »	bleu......	» 50	» 25
34.	3 »	bistre.....	» 75	» 35
35.	5 »	violet.....	1f50	» 50
35b	5 »	lilas......	1f »	» 50

1866. *Enveloppe de la guerre.*

Neufs. Oblitér.

36. Noir sur vert..... » 75 » »

Enveloppe mandat de poste.

37.	Noir sur vert......	» 35	» »
37b	Noir sur jaune....	» 25	» »

DRESDE, OFFICES PARTICULIERS.

1864. *Timbre formé de lettres typographiques.*

38. Noir sur rose...... » 75 » »

1865. *Armoiries en couleur sur blanc.*

		Neufs.	Obliter.
39. 3 pf. vert.......	» 10	»	»
40. 1/2 neug. orange....	» 15	»	»
41. 1 » rose......	» 25	»	»

1866. *Les mêmes, per. li.*

42. 3 pf. vert.......	» 10	»	»
43. 1/2 » orange....	» 15	»	»
44. 1 » rose......	» 25	»	»

1868. *Même type, valeur en groschen, per. li.*

45. 1/4 gros. vert.....	» 10	»	»
46. 1/3 » violet....	» 10	»	»
47. 1/2 » orange...	» 15	»	»
48. 1 » carmin...	» 25	»	»
49. 2 » bleu.....	» 50	»	»
50. 5 » bistre....	1f »	»	»

1866. *Grands ronds, noir sur couleur.*

51. 1 neug. roses.blanc	» 25	»	»
52. 2 » bleu......	» 50	»	»
53. 2 1/2» rose.......	» 50	»	»
54. 3 » chamois...	» 75	»	»
55. 5 » vert.......	1f »	»	»

Les mêmes per. li.

ENVELOPPES.

1865. *Imprimé en couleur.*

		Neufs.	Oblitér.
55bis.5 pf. jaune.....	» 10	»	»
55a 5 » jaune sur chamois..	» 10	»	»
56. 1/2 neug. jaune.....	» 15	»	»
57. 1/2 » jaune sur chamois..	» 25	»	»
58. 1 » rose......	» 25	»	»
59. 1 » rose sur chamois..	» 25	»	»

1868. *Bande pour imprimés, relief sur blanc.*

| 60. 2 pf. bleu..... | » 10 | » | » |

1868. *Enveloppe, carré, armes en relief.*

61. 1/4 gros. vert.....	» 10	»	»
62. 1/3 » violet....	» 10	»	»
63. 1/2 » orange...	» 15	»	»
64. 1 » carmin...	» 25	»	»
65. 2 » bleu.....	» 50	»	»
66. 5 » bistre....	1f »	»	»

1865. *Enveloppes du Festival orphéonique de Dresde ; timbre à main.*

| 67. papiers variés...... | » 25 | » | » |
| 68. idem sur blanc, vignette et médaillon en chromo... | » 30 | » | » |

SCHLESWIG-HOLSTEIN.

1850. *Armoiries, relief et couleur.*

| 1. 1 sch. bleu.... | 1f » | » | » |
| 2. 2 » rose..... | 1f » | » | » |

1865. Ovales, chiffre, relief et couleur, per. li.

Neufs. Oblitér.

```
3. 1/2 sch.  rose.....   » 15  »  »
4. 1 1/4 »   vert.....   » 15  »  »
5. 1 1/3 »   lilas.....  » 15  »  »
6. 2     »   bleu....    » 25  »  »
7. 4     »   bistre...   » 50  »  »
```

SCHLESWIG.

1864. Ovales, chiffre, relief et couleur, per. li.

```
8. 1 1/4 sch.vert......  » 50  »  »
9. 4     »   carmin...   » 40  »  »
```

1865. Même type.

```
10. 1/2 sch.  vert.....  » 15  »  »
11. 1 1/4 »   lilas..... » 15  »  »
12. 1 1/3 »   rose.....  » 15  »  »
13. 2     »   bleu....   » 25  »  »
14. 4     »   bistre...  » 50  »  »
```

La série de 14 valeurs du Schleswig et du Holstein............ 3f » » »

SERVIE.

1866. Armoiries coul. sur couleur.

```
1. 1 para vert sur rose    1f  »  »  »
2. 1    »  vert sur violet  » 15  »  »
3. 2    »  brique s. viol.  » 25  »  »
3 b 2   »  vert s. lilas... » 50  »  »
```

1866. Effigie de Michel III, coul. sur blanc piqués.

Neufs. Oblitér.

```
4.  1 para vert piq. 9 1/2  » 10  »  »
5.  2 paras brun      id.   » 10  »  »
6.  10   »  jaune, pi. 12   1f  »  »  »
7.  20   »  rose       id.  1f  »  »  »
8.  40   »  bleu       id.  2f  »  »  »
```

Les mêmes papier pelure, piq. 9 1/2.

```
9.  10 paras jaune...  » 50  »  »
10. 20   »   rose.....  » 75  »  »
11. 40   »   bleu. ..   1f  »  »  »
```

1868 Effigie, non piqués.

```
12. 1 para vert foncé..  » 10  »  »
13. 2    »  brun rouge.  » 10  »  »
14. 2    »  bistre.....  » 10  »  »
```

1869. Effigie de Obrenovitch IV, coul. s. blanc, piq. 12.

```
15. 1  para jaune....  » 10  »  »
16. 10   »  brun......  » 20  »  »
17. 15   »  orange....  » 25  »  »
18. 20   »  bleu.....   » 35  »  »
19. 25   »  carmin ...  » 50  »  »
20. 35   »  vert clair. » 65  »  »
21. 40   »  violet.....  » 75  »  »
22. 50   »  vert foncé. 1f  »  »  »
```

SHANGHAI.

1866. Dragon, couleur sur papier blanc.

```
1.  1 cand. bleu.......  » 25   »  »
2.  2   »   noir.......  » 50   »  »
3.  3   »   brun rouge  » 75   »  »
4.  4   »   jaune pâle. 1f50   »  »
5.  4   »   jaune.....  1f  »   »  »
6.  6   »   brun rouge  2f50   »  »
7.  6   »   vert foncé. 2f  »   »  »
8.  6   »   vermillon . 2f  »   »  »
9.  8   »   vert.......  1f50  »  »
10. 8   »   vert clair.. 2f  »  »  »
11. 12  »   vermillon . 3f  »  »  »
12. 12  »   brique....  2f50  »  »
13. 16  »   vermillon.. 3f50  »  »
14. 16  »   brun......  3f  »  »  »
```

La collection de 8 valeurs .... 10f » » »

Les mêmes, papier vergé et papier pelure.

Sur quelques timbres l'S manque à *Candareens*; la valeur (en chinois) est tantôt exprimée en chiffres, tantôt en lettres.

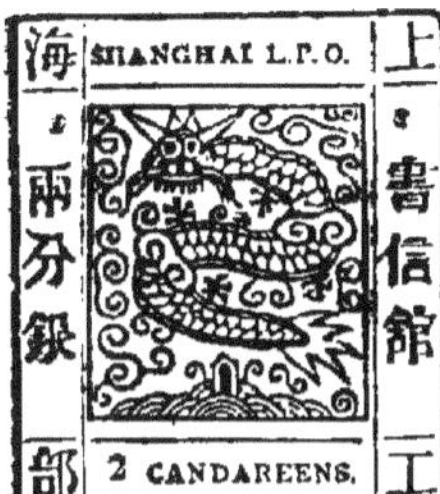

1866. *Plus petits, piq. 12.*

Neufs. Oblitér.

```
15. 2 cents rose......   » 35   »  »
16. 4   »    lilas.......  » 75   »  »
17. 8   »    bleu.......  1f50   »  »
18. 16  »    vert.......  3f     »  »
La série des 4 valeurs.  4f50   »  »
```

1867. *Types peu différents.*

```
19. 1   »    brun.....   » 25   »  »
20. 3 cand jaune....     » 75   »  »
21. 6   »    gris bleu.  1f25   »  »
22. 12  »    olive.....  2f50   »  »
La série des 4 valeurs.  4f     »  »
```

SIERRA LEONE.

Reine Victoria, coul. sur blanc.

```
1. 6 pence viol.,piq.14  1f50   »  »
2. 6  »  violet non
         dentelé..  5f    »  »  »
```

SUÈDE.

1855. *Armoiries, piq. 14.*

```
1. 3 sk. vert........  »  »  1f  »
```

Neufs. Oblitér.

```
2. 4 sk. bleu........  »  »  » 35
3. 4  »  bleu pâle....  »  »  » 50
4. 6  »  gris.........  »  »  » 50
5. 8  »  jaune........  »  »  » 50
6. 8  »  orange......  »  »  1f »
7. 24 »  rouge.......  »  »  » 75
8. 24 »  rouge pâle...  »  »  » 75
```

Les mêmes réimprimés.

```
Chacun..............  3f  »  »  »
```

1858. *Même type, piq. 14.*

```
 9. 5 öre vert........  »   »  » 15
10. 5  »  vert clair....  » 25  » 15
11. 9  »  lilas........  » 35  » 15
12. 9  »  violet.......  »   »  » 15
13. 12 »  bleu........  » 50  » 10
14. 12 »  bleu foncé...  »   »  » 15
15. 24 »  orange......  »   »  » 10
16. 24 »  jaune.......  1f  »  » 15
17. 30 »  brun........  1f25 » 10
18. 30 »  brun pâle...  »   »  » 15
19. 50 »  brun carmin.  »   »  » 15
20. 50 »  carmin......  1f75 » 10
```

LOCAL BREF.

```
21. Noir (1855),piq. 14.  1f50  »  »
22. Bistre (1862).......  » 50  »  »
```

1863-66. *Lion et armes, piq. 14.*

```
23. 3 öre bistre........  » 15  »  »
24. 17 »  violet.......  r 60  » 15
25. 20 »  rouge.......  1f  »  »  »
26. 20 »  rouge brique.  » 75  » 15
```

SUEZ (Comp. du canal de).

1868. *Oblong, rai-seau à droite, coul. sur blanc.*

```
1. 1 cent. noir.....   » 10  »  »
2. 5   »   vert.....   » 25  »  »
3. 20  »   bleu.....   » 75  »  »
4. 40  »   carmin...  1f50   »  »
```

SUISSE.
(Administration fédérale.)

1850. *Croix blanche sur fond rouge.*

Neufs. Oblitér.

1. 2 1/2 rapports-post,
   blanc... » » 1f50
2. 2 1/2 » poste lo-
   cale, blanc » » 2f »

Idem noir sur couleur.

3. 5 rap. bleu pâle... » » » 35
4. 5 » bleu foncé.. » » » 25
5. 5 » violacé..... » » » 50
6. 10 » jaune...... » » » 15
7. 10 » orange..... » » » 25

Idem couleur sur blanc.

8. 5 rap. bleu clair. » » » 20
9. 15 » rose...... » » » 25
10. 15 » rose...... » » » 75
11. 15 cent. rose..... .. » » 1f »

ADMINISTRATIONS CANTONALES.
BALE.

1845. *Colombe en relief, fond rose.*

12. 2 1/2 rap. rose et bleu » » 3f »

RÉIMPRESSION.

12bis 2 1/2 rap. rouge et vert 4f » »

**GENÈVE. *Clé et aigle, noir sur cou-
leur.***

1844. *Petit format*, PORT LOCAL.

13. 5 cent. vert pomme » » 1f50

PORT CANTONAL.

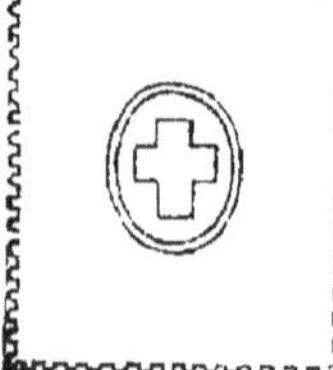

14. 10 cent. le précédent
    double... » » 25f »

***Grand format*, PORT CANTONAL.**

15. 5 cent. vert clair.. » » 2f »
16. 5 » vert foncé. » » 2f »
17. 5 » vert pomme » » 1f50
18. 5 » vert sur
    blanc... » » 2f »

ENVELOPPES.

1845. *Type précédent.*

19. 5 cent. vert sur
    blanc... 5f » » »

**NEUFCHATEL. *Croix blanche sur
rouge.***

1848. *Rectangle en hauteur.*

Neufs. Oblitér.

20. 5 cent. blanc..... » » 3f »

**VAUD. *Croix blanche sur rouge dans
un cor.***

1848. *Rectangle en longueur.*

21. 4 cent. blanc...... » » 10f »
22. 5 » blanc..... » » 2f »

ZURICH. *Chiffre.*

1843. *Ligné rose verticalement.*

23. 4 rap. noir sur
    blanc... » » 3f »
24. 6 » » » » » » 75

Ligné rose horizontalement.

25. 4 rap. noir sur
    blanc... » » 3f »
26. 6 » » » » » 1f »

**1849. *Oblong, croix blanche sur
rouge dans un cor de poste, timbre dit par erreur de* Winter-
thur.**

27. 2 1/2 rap. noir sur
    blanc... » » 3f »

POUR TOUTE LA SUISSE.

**1854-61. *Déesse de face, relief et
couleur.* Dick.**

28. 2 rap. gris...... » » » 25
29. 5 » brun...... » » » 10
30. 5 » bistre..... » » » 10
31. 10 » bleu...... » 50 » 10
32. 10 » bleu pâle.. » 75 » 10
33. 15 » rose...... » 50 » 10
34. 20 » jaune..... » 75 » 10
35. 40 » vert....... 1f » » 10
36. 40 » vert pâle.. 1f » » 10
37. 1 franc gris perle.. 2f » » 50
38. 1 » gris pâle... 2f » » 50

**1862-63. *Déesse de profil, piq.* 12,
*croix en filig.***

39. 2 rap. gris........ » 10 » 05
40. 3 » noir........ » 10 » 05
41. 5 » brun...... » 15 » 05
41bis 5 » bistre..... » 10 » »

Neufs. Oblitér.

42. 10 rap. bleu...... » 15 » 05
43. 10 » bleu foncé. » » » 15
44. 20 » orange.... » 30 » 05
45. 30 » rouge..... » 50 » 10
46. 40 » vert...... » 50 » 05
47. 60 » bronzé.... 1f » » 25
48. 1 franc doré...... 1f25 » 25
49. 10 rap. rose...... » 20 » »
50. 25 » vert...... » 50 » »
51. 30 » bleu...... » 50 » »
52. 50 » lilas...... » 75 » »

ENVELOPPES.
1867. *Colombe et armoiries en relief, colombe messagère en filigrane.*

53. 5 rap. bistre..... » 10 » »
54. 10 » rose....... » 25 » 10
55. 25 » vert...... » 50 » 25
56. 30 » bleu...... » 50 » 25

RIGI (*Etablissement des bains du*).
Rose des Alpes, imprimé couleur sur blanc, piq. 12.

57. » rap. rose....... » 15 » »

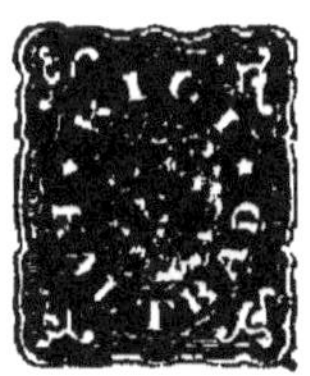

RIGI-SCHEIDECK.
12. » » vert...... » 15 » »

TIMBRES DE TÉLÉGRAPHE.
1868. *Croix rouge, piq. 12.*

58. 25 cent gris....... » 50 » »
59. 50 » bleu....... 1f » » »

Neufs. Oblitér.

60. 1 franc vert...... 1f 50 » »
61. 3 » doré...... 4f » » »

TERRE-NEUVE.

1857. *Fleurs de la Grande-Bretagne.*

1. 1 penny brun (carré). » 50 » »
2. 2 pence rouge (rect.) 1f » » »

3. 3 pence vert (triang.) 1f » » »
4. 4 » rouge (rect.) » » 2f »
5. 5 » brun (carré). 4f » » »
6. 6 » rouge (rect.). » » » »
7. 6 1/2 » rouge (rect.). » » » »
8. 8 » rouge (rect.). 3f » » »
9. 1 shill. rouge (rect.). » » » »
10. 2 pence rouge vin (rectang.). » 75 » »
11. 4 » » » 1f50 » »
12. 5 » chocolat (car.) 2f » » »
13. 6 » rouge vin (rectang.). 2f50 1f50
14. 6 1/2 » » » 2f50 » »
14a 8 » » » 3f » » »
15. 1 shill. » » 3f50 » »

1866. *Types divers, piq. 12.*

15a 1 cent violet (effigie) » 15 » »

16. 2 » vert (morue). » 25 » »

Neufs. Oblitér.

17. 5 cents brun (phoque) » 75 » »

17 a 5 » noir id. » 50 » »
18. 10 » noir (prince de Galles).. 1f » » »

19. 12 cents chair (reine) 1f25 » »

20. 13 cents jaune (bateau) 1f50 » »

21. 24 » bleu (reine). 2f50 1f50

TOSCANE.

1851. *Lion, couleur sur bleuté, fragments de couronne en filigr.*

1. 1 quattrino noir... 2f » 1f »

Neufs. Oblitér.

2. 1 soldo jaune..... » » 1f50
3. 1 » jaune pâle. » » 1f50
4. 2 soldi brique.... » » 15f »
5. 1 crazia rouge..... " " » 10
6. 1 » brun...... » » » 15
7. 2 crazie bleu...... » » » 10
8. 2 » bleu foncé. » » » 25
9. 4 » vert....... » » » 10
10. 6 » ardoise.... " " » 25
11. 9 » violet..... " » » 25
12. 60 » brique.... » » 15f »

1856. *Les mêmes, sur blanc, filigr.*

 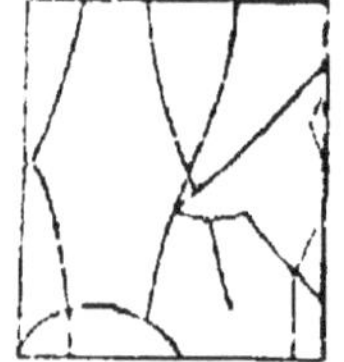

13. 1 quattrino noir... » » » 75
14. 1 soldo jaune..... » » 2f »
15. 1 crazia rouge..... » » » 10
16. 2 crazie bleu...... » » » 25
17. 2 » bleu clair.. » » » 25
18. 4 » vert...... » » » 10
19. 6 » bleu...... » » » 25
20. 6 » bleu foncé. » » » 25
21. 9 » violet..... » » 1f »

Timbre de journaux, frappé à main
(BOLLO STRAORDINARIO).

22. 2 soldi noir........ 2f » » »

GOUVERNEMENT PROVISOIRE.
1860. *Croix de Savoie.*

23. 1 cent. violet foncé » » » 50
24. 1 » violet pâle » » » 25
25. 5 » vert foncé. » » » 50
26. 5 » vert pâle.. » » » 50
27. 10 » brun...... » » » 10
28. 10 » violâtre... » » » 25
29. 20 » bleu...... » » » 10
30. 20 » gris....... » » » 25
31. 40 » rouge..... » » » 25
32. 40 » chair...... » » » 25
33. 80 » chair...... » » 1f »
34. 3 lire jaune..... » » 30f »

A. Type officiel de 1851, 2 crazie, noir sur diverses couleurs,

Neufs. Oblitér.

chacun..............   » 50 » »

B. Type officiel de 1851 coul. des timbres, sur papier blanc, épais, 1, 2, 4, 6, 9 craz., chac.   » 50 » »

TRINITÉ.

1851. *Déesse assise, gravure, papier bleuté.*

1. Rouge..............   » » 3f »
2. Brun violet........   » » 8f »
3. Brun..............   » » 8f »
4. Bleu..............   » » 12f »

Les mêmes, papier blanc.

5. Rouge............   » » 2f »
6. Brun violet........   » » 8f »
7. Brun..............   » » 8f »
8. Bleu..............   » » 12f »

1856. *Même type, au trait, papier blanc.*

9. Bleu..............   » » 12f »
10. Gris..............   » » 12f »

Idem, report lithographique, presque invisible.

11. Rouge............   2f » » »
12. Bleu..............   » » 12f »
13. Gris..............   » » 12f »

1859. *Valeur indiquée, non dentelés.*

14. 4 pence pensée....   » » 3f »
15. 6   »   vert......   » » 3f »
16. 1 shill. brun......   » » 4f »

1863. *Les mêmes, piq. 12 1/2 à 15.*

17. (sans valeur), carmin   » 50 » »
18.   »   brun carm.   » » » 50
19.   »   brun......   » 25 » »
20. 4 pence violet.....   » » 1f »
21. 4   »   lilas......   1f » » 25
22. 6   »   vert foncé.   » » 1f »
23. 6   »   vert jaune.   » » » 50
23*b* 6   »   vert clair..   1f 50 » 50
24. 1 shill. ardoise....   » » 1f »
25. 1   »   violet.....   2f 50 » 35

1863. *Mêmes timbres avec les mots :* TOO LATE, *imprimés en surcharge noire (pour lettres en retard).*

Neufs. Oblitér.

26. » schill. carmin...   1f » » »
27. 4 pence violet....   2f » » »
28. 6   »   vert......   3f » » »
29. 1 schill. mauve...   3f 50 » »

1869. *Grand, couleur sur blanc, piq. 12 1/2.*

30. 5 schill. carminé.   16f » » »

ILES TURQUES.

1867. *Couleur sur blanc, piq. 11 1/2.*

1. 1 penny rouge......   » 25 » »
2. 6 pence verdâtre....   1f 50 » »
3. 1 sh.   bleu gris....   2f 50 » »

TURQUIE.

1863. *Croissant, noir sur papier pelure, de couleur.*

1. 20 paras jaune....   » 75 » »
2. 20   »   jaune pâle.   » 75 » »

	Neufs.	Oblitér.
3. 1 piastre violet.....	» 75	» 50
4. 1 » lilas......	» 75	» »
5. 2 » bleu......	1f50	» 50
6. 2 » bleu foncé.	1f50	» »
7. 5 » rose carm.	3f50	» »
8. 5 » groseille...	3f50	» »

Les mêmes, papier fort.

9. 20 paras jaune........	» 75	» 50
10. 20 » jaune pâle.	» 75	» 50
11. 1 piastre lilas......	» 75	» 50
12. 1 » bleuâtre...	» 75	» 50

Chiffres-taxe des mêmes.

13. 20 paras brun foncé.	» 75	» 50
14. 20 » brun......	» 75	» »
15. 20 » rougeâtre..	» 75	» 50
16. 1 piastre brun......	1f »	» 50
17. 1 » rougeâtre..	1f25	» 50
18. 2 piastres brun.....	1f50	» 75
19. 2 » rougeâtre..	1f50	» 75
20. 5 » brun......	3f »	» »
21. 5 » rougeâtre..	3f50	» »

1864. *Croissant, couleur sur blanc,*
piq. 13.

22. 10 paras vert.......	» 25	» »
23. 20 » jaune.....	» 25	» »
24. 20 » jaune clair.	» 25	» »
25. 1 piastre lilas......	» 50	» 25
26. 1 » violet.....	» 50	» »
27. 2 piastres bleu.....	1f »	» 50
28. 5 » carmin....	2f »	» 75
29. 25 » orange....	8f »	» »

Chiffres-taxe des mêmes.

30. 20 paras brun......	» 35	» »
31. 20 » brun clair.	» 35	» »
32. 1 piastre brun......	» 50	» 25
33. 1 » brun clair.	» 50	» »
34. 2 piastres brun.....	1f »	» 50
35. 2 » brun clair.	1f »	» »
36. 5 » brun......	2f »	» 75
37. 5 » brun clair.	2f »	» »
38. 25 » brun......	8f »	» »
39. 25 » brun clair.	8f »	» »

Les mêmes non piqués.

22bis 10 paras vert ...	1f »	» »
23bis 20 » jaune..	1f »	» »

	Neufs.	Oblitér.
30bis 20 paras brun..	1f »	» »
25bis 1 piastre lilas...	» 15	» »
33bis 1 » brun..	» 15	» »

1869. *Mêmes timbres.*

40. 10 paras lilas.... .	» 20	» »
41. 20 » vert.....	» 25	» »
42. 1 piastre jaune...	» 50	» 25
43. 2 piastres rouge...	1f »	» 50
44. 5 » bleu....	2f »	» 75
45. 25 » chair....	8f »	» »

Chiffres-taxe des mêmes, bordure
de couleur.

46. 20 paras brun bistre	» 25	» »
47. 1 piastre » »	» 50	» »
48. 2 piastres » »	1f »	» »
49. 5 » » »	2f »	» »
50. 25 » » »	8f »	» »

POSTE LOCALE.

1866. *Constantinople, croissant,*
noir sur couleur, piq. 14.

51. 5 paras bleu......	» 25	» »
52. 20 » vert.......	» 25	» »
53. 40 » rose.......	» 75	» »

1866. *Id. ronds, pour journaux,*
timbrés à la main.

54. Rouge.............	» 25	» »
55. Bleu.............	» 25	» »
56. Noir.............	» 25	» »

1866. *Timbres taxe pour les lettres venant de l'extérieur.*

		Neufs.	Oblitér.
57.	10 paras noirs, jaune	» 20	» »
58.	20 » » rose.	» 50	» »
59.	1 piastre rouge sur blanc...	1f »	» »
60.	2 piastres bleu s. blanc	1f 50	» »

1869. *Timbres de la Cie T. B. Morton, ronds.*

61.	20 paras bleu s. bleu	» 35	» »
62.	20 » rouge s. b'eu	» 35	» »
63.	20 » rouge sur jaune.....	» 35	» »
64.	20 » vert s. jaune	» 35	» »
65.	1 piastre bleu s. rose	» 50	» »
66.	1 » rouge s. rose	» 50	» »

Même genre avec un steamer.

67.	20 paras vert......	» 35	» »
68.	1 piastre rouge....	» 50	» »

1867. KUSTENDJE ET CZERNAWODA, *montagnes et mer, noir sur coul., piq.* 9 1/2.

69.	20 paras vert........	» 25	» »

Grands timbres, pour les pétitions au sultan, coul. sur blanc, piq. 13.

		Neufs.	Oblitér.
70.	1 piastre rouge vif..	1f »	» »
71.	1 » rose......	1f50	» »
72.	2 » rouge.....	» 50	» »
73.	5 » brun......	1f50	» »

ESSAIS.

Types de 1864.

A.	2 piastres noir.....	» 50	» »
B.	5 » noir.....	1f »	» »

VANCOUVER.

1866. *Effigie de la reine Victoria. C C en filigr., piq.* 14.

1.	5 cents rouge......	» 75	» »
2.	10 » bleu.......	1f25	» »
2bis	10 » » non piq.	2f »	» »

VAN DIEMEN-TASMANIE.

1853. *Petite effigie, couleur s. blanc.*

1.	1 penny bleu (rect.)	» »	4f »
2.	4 pence jaune (oct.)	» »	» 75
3.	4 » orange id.	» »	» 75
4.	4 » orange foncé (oct.)	» »	» 75

1858. *Effigie, couleur sur blanc, étoile en filigrane ou pas de filigr.*

5.	1 penny rouge brun	» »	2f »
6.	2 pence vert foncé.	» »	2f »
7.	4 » bleu foncé.	» »	2f »

Les mêmes, chiffre en filigrane.

	Neufs.	Oblitér.
8. 1 penny rouge.....	» 50	» 25
9. 1 » rouge pâle.	» »	» 15
10. 2 pence vert brun.	» 50	» »
11. 2 » vert......	» 50	» »
12. 4 » bleu foncé.	» »	» 25
13. 4 » bleu pâle..	» »	» 20

1864. Les mêmes, piq. 10 et 13.

14. 1 penny rouge.....	» 50	» »
14b 1 » carmin....	» 25	» »
15. 2 pence vert......	» 50	» 20
16. 4 » bleu......	» »	» 25

Octogones, TASMANIA.

17. 6 pence lilas......	» »	» 25
18. 6 » gris.......	» »	» 25
19. 1 sh. vermillon..	2f50	» »

Il. piq. 10 et 13.

| 20. 6 pence lilas...... | » » | » 25 |
| 21. 1 sh. vermillon.. | 2f50 | » 50 |

1864. Saint - Georges à cheval; grands timbres de commerce pouvant servir à l'affranchissement des lettres.

22. 3 pence vert.....	» »	» 75
23. 2 sh. 6 p. carmin	» »	1f »
24. 5 » gris noir..	» »	2f 50
25. 10 » jaune.....	» »	5f »

VENEZUELA.

1859. Petit format, armoiries.

1. 1/2 réal jaune.....	» »	1f25
2. 1/2 » orange....	» 50	» 25
3. 1 » bleu foncé.	» »	1f »
4. 1 » bleu clair.	1f25.	» 50
5. 2 » rouge.....	2f »	» 75
6. 2 » orangé....	» »	1f »

1861. Carrés, armoiries.

7. 1/4 cent. vert......	» 75	» »
8. 1/2 » brun violet	» 50	» »
9. 1 » brun......	» 50	» »

1863. Aigle.

| 10. 1/2 cent. chair..... | » 25 | » » |
| 11. 1 » gris....... | » 25 | » » |

	Neufs	Oblitér.
12. 1/2 réal jaune.....	» 75	» 25
13. 1 » bleu......	1f25	» »
14. 1 » bleu pâle..	1f25	» 50
15. 2 » vert......	2f »	1f »
16. 2 » vert clair..	2f »	» »

1866. Carrés, armoiries.

17. 1/2 cent. vert......	» 25	» »
18. 1 » bleu vert..	» 25	» »
19. 1/2 réal violet.....	» 75	» »
20. 1 » rouge.....	1f25	» »
21. 2 » jaune.....	2f50	» »

Les mêmes percés en pointe.

22. 1/2 cent vert......	» 50	» »
23. 1 » bleu vert.	» 50	» »
24. 1/2 réal violet....	1f »	» »
25. 1 » rouge....	2f »	» »
26. 2 » jaune....	3f »	» »

VICTORIA.

1852. Reine à mi corps, couleur sur blanc.

1. 1 penny rose......	» »	1f »
2. 1 » brun rouge	» »	1f »
3. 1 » bistre.....	» »	1f »
4. 1 » vermillon per. li ...	» »	5f »
5. 2 » gris.......	» »	3f »
6. 2 » gris pâle..	» »	2f50
7. 3 » bleu foncé.	» »	» 75
8. 3 » bleu....	» »	» 50
9. 3 » per. li. et piq.	» »	5f »

1852. *Reine sur un trône, étoiles en filig. aux 1 et 6 pence.*

		Neufs.	Oblitér.
10.	1 penny vert.......	» »	2ᶠ »
11.	2 pence brun......	» »	1ᶠ »
12.	2 » brun foncé.	» »	1ᶠ »
13.	6 » bleu.......	» »	1f50
14.	1 » vert per. li.	» »	6ᶠ »
15.	6 » bleu id.	» »	» 50

Octogone, effigie.

| 16. | 1 sh. bleu...... | » » | 2ᶠ » |
| 17. | 1 » id. piq. 12. | » » | » 35 |

Carrés, reine, POSTAGE STAMP *sur les côtés.*

18.	6 pence orange....	» »	» 35
19.	6 » jaune.....	» »	» 50
20.	6 » jaune per. arc., piq..	» »	5ᶠ »
21.	6 » noir piq. 12	» »	2ᶠ »
22.	2 sh. vert.......	» »	2ᶠ »
23.	2 » id. per. li., piq. 12..	» »	1ᶠ »

1858. *Effigie, cadre ovale, attributs aux quatre angles, étoile en filigrane.*

24.	1 penny vert.......	» »	» 50
25.	2 pence lilas......	» »	» 50
26.	4 » rose.......	» »	1ᶠ »
27.	4 » rouge.....	» »	1ᶠ »

Les mêmes, papier vergé verticalement ou horizontalement.

		Neufs.	Oblitér.
28.	1 penny vert.......	» »	» 50
29.	2 pence violet......	» »	» 50
30.	4 » rose......	» »	» 75

Les mêmes, papier ordinaire.

31.	1 penny vert.......	» »	» 50
32.	2 pence lilas.......	» »	» 50
33.	4 » rose........	» »	» 75

Les mêmes, piq. 12, 13, ainsi que tous les suivants.

34.	1 penny vert......	» »	» 50
35.	2 pence lilas......	» »	» 50
36.	4 » rose......	» »	1ᶠ »

Les mêmes, valeur en lettre en filigrane.

| 37. | 1 penny vert....... | » » | » 50 |
| 38. | 2 pence lilas....... | » » | » 75 |

Les mêmes, valeur en chiffre en filigrane.

| 39. | 2 pence lilas....... | » » | 1ᶠ » |

Les filigranes sont tantôt à double trait, tantôt à un seul (chif. maigres), on trouve quelquefois des timbres imprimés sur des filigr. d'autres valeurs.

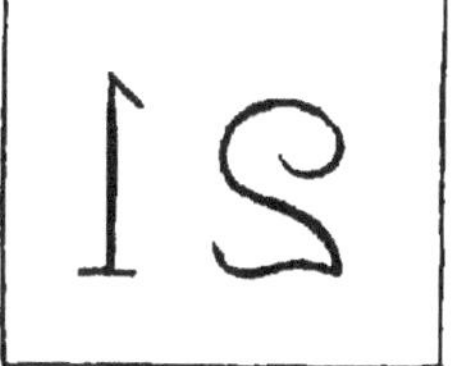

1862. *Même genre, chiffre sur les côtés, valeur en lettre en filigrane.*

			Neufs.		Oblitér.
40.	3 pence	bleu foncé.	»	»	» 50
41.	3 »	bleu clair..	»	»	» 50
42.	3 »	rose......	»	»	» 35
43.	4 »	rose foncé.	»	»	» 50
44.	6 »	orangé....	»	» 10f	»
45.	6 »	noir......	»	»	» 50

Id. Grandes inscriptions.

46. 6 pence chiffres en filigrane. » » » 25

Même type, chiffre en filigrane.

47. 3 pence rose,...... » » » 50
48. 4   » rose....... » » » 50

1863. *Même genre, lignes blanches croisées dans les angles, valeur en lettres en filigrane.*

49.	1 penny vert......	»	»	» 25
50.	1 »	id. pap. ord.	»	»	» 25
51.	1 »	id. chiffres en filigr..	»	»	» 50
52.	1 »	id. ch. maig. en filigr..	»	»	» 50

1864. *Carré, effigie laurée dans un rond.*

				Neufs.		Oblitér.
53.	1 penny vert.......	»	35	»	10
54.	1 »	vert pâle..	»	25	»	10
55.	2 pence lilas......	»	»	» 25
56.	2 »	violet.....	»	»	» 15
57.	4 »	rose......	»	»	» 25
58.	4 »	rose pâle..	»	»	» 10
59.	4 »	id. ch. gras en filigr..	»	»	1f »
60.	8 »	orange....	»	»	» 50

1865. *Types connus, dentelés.*

61. 1 sh. bleu s. bleu » » »
62. 2   »   bleu s. vert. » » »

1866. *Rectangulaires, effigie dans un ovale.*

63. 6 pence bleu...... 1f50 » 10
64. 10   »   gris....... » » 2f50
65. 10   »   lie de vin. » » » 50

66. 3 lilas............ » 75 » 50

1867. *Mêmes timbres avec V couronné en filigrane. Papier de couleur, piq. 13.*

1867. *Papier de couleur, piq. 13.*
67. 5 shil. bleu s. jaune. 15f » » »

1868. *Même type en deux couleurs sur blanc.*
68. 5 shil. rouge et bleu. 10f » » »

1856. *Lettres en retard*, TOO LATE.

Neufs. Oblitér.

69. 6 pence lilas et vert. » » 8f »

Id. Lettres chargées, REGISTERED.

70. 1 sh. **rose** et bleu » » 3f »

TIMBRES DE FRANCHISE.

Timbre rond, à main, bleu.

71. Post master general » » 1f »
72. Comm. of Public yorks........... » » 1f »
73. Comm. of Crown Lands.......... » » 1f »
74. Comm. of Trade and Customs........ » » 1f »
75. Comm. Railways and Roads.......... » » 1f »
76. Minister of Justice.. » » 1f »
77. Chief secretary.... » » 1f »
78. The Treasurer..... » » 1f »

ILES VIERGES.

1866. *Vierge entourée de lampes, couleur sur blanc, piq.* 12.

1. 1 penny vert...... » 25 » »
2. 6 pence rose....... 1f50 » »

1867. *Grands timbres, madone. piq.* 15.

Neufs. Oblitér.

3. 4 pence, brun rouge. 1f » » »
4. 1 sh., noir et rouge 2f50 » »
5. 1 » » (large bordure extér.)... 2f50 » »
La collection de 5 timbres............... 5f » » »

WURTEMBERG.

1851. *Chiffre, noir sur couleur.*

1. 1 kr. paille....... 2f » » 35
2. 3 » jaune........ » » » 25
3. 3 » jaune foncé.. 2f » » 15
4. 6 » vert......... » » » 15
5. 6 » vert foncé... » » » 15
6. 9 » rose........ » » » 15
7. 18 » violet....... 3f » 1f50

Les mêmes, réimprimés, avec retouche.

8. 1 kr. jaune clair.. » 50 » »
9. 3 » jaune....... » 50 » »
10. 6 » vert......... » 75 » »
11. 9 » rose........ 1f » » »
12. 18 » violet....... 1f50 » »

1857. *Armoiries relief et couleur sur blanc, fil de soie dans le papier (Dick.), non dentelés.*

13. 1 kr. brun........ » » » 50
14. 3 » orange...... » » » 25
15. 6 » vert......... 1f » » 25
16. 9 » rose......... 1f50 » 25
17. 18 » bleu........ 3f » » »

Les mêmes réimprimés.

13b 1 kr. gris......... » 25 » »
14b 3 » jaune....... » 50 » »
15b 6 » vert......... » 75 » »
16b 9 » rose........ » » » »
17b 18 » bleu........ » » » »

1858. *Les mêmes, sans fil de soie.*

18. 1 kr. bistre....... » 50 » 25
19. 3 » jaune....... » 75 » 15
20. 6 » vert......... 1f » » 15
21. 9 » rose........ 1f50 » 15
22. 18 » bleu........ 2f50 1f50

Les mêmes, réimprimés.

23. 1 kr. bistre....... 1f » » »
24. 3 » jaune....... 1f » » »
25. 6 » vert......... 1f » » »
26. 9 » rose......... 1f » » »
27. 18 » bleu........ 2f » » »

1859. *Les mêmes, piq. 13 1/2, 10.*

Neufs. Oblitér.

28. 1 kr. bistre.......	» »	» 25
29. 1 » brun noir...	» »	» 25
30. 3 » jaune......	» 50	» 40
31. 6 » vert........	» 75	» 10
31b 6 » vert clair....	» 75	» »
32. 9 » rose........	1f50	» 10
32b 9 » carmin......	1f50	» »
33. 18 » bleu........	2f »	1f »

1864. *Même type, piq. 10 ou per. li.*

34. 1 kr. vert........	» 15	» »
35. 1 » vert pâle....	» 15	» »
36. 3 » rose........	» 25	» 10
37. 6 » bleu........	» »	» 15
38. 7 » bleu ardoise.	» 75	» »
39. 9 » bistre.......	» »	» 15
40. 9 » brun........	» »	» 15
41. 18 » orange......	» »	» 50

1868-69. *Type différent, chiffre au centre, per. li.*

42. 1 kr. vert........	» 10	» »
43. 3 » rose.......	» 25	» 10
44. 7 » bleu........	» 50	» 15
45. 14 » jaune.......	1f »	» 50

Commission für retourbriefe.

46. Armoiries, noir....	» 50	» »
47. Id. retouché et piq.	» 50	» »

ENVELOPPES.

1862. *Chiffre dans un octogone, relief et couleur sur blanc, grandes inscriptions transversales, vertes.*

48. 3 kr. rose.......	» 75	» »

Neufs. Oblitér.

49. 6 kr. bleu........	1f »	» »
50. 9 » brun........	1f50	» »

1863. *Idem papier bleu, inscriptions transversales petites.*

51. 3 kr. rose.......	» 75	» 25
52. 6 » bleu........	» »	» 25
53. 9 » brun........	» »	» 25

1865. *Idem inscriptions transversales de diverses couleurs.*

54. 1 kr. vert........	» 15	» »
55. 3 » rose........	» 25	» 15
56. 6 » bleu.......	» 50	» 20
57. 9 » bistre......	» 75	» 15

1867. *Enveloppes-mandats, estampille au type des enveloppes ci-dessus.*

59. 4 kr. orange......	» 50	» »
58. 6 » bleu........	» 60	» »
60. 7 » vert........	» 75	» »
61. 9 » bistre......	» 75	» »
62. sans timbre........	» 25	» »

Même genre, sur carton.

63. 3 kr. rose........	1f »	» »
64. 6 » bleu........	1f »	» »
65. 9 » bistre......	1f »	» »
66. 7+7 » violet.......	1f »	» »
67. 14 » violet.......	1f »	» »

ESSAIS.

A. Type de 1851, noir sur coul. diverses, chacun.. » 50 » »

B. Type de 1857, coul. sur papiers de div. couleurs, pelure, carton, etc., ch. » 25 » »

(Ces essais peuvent affranchir les lettres.)

C. Type des enveloppes, un seul T au lieu de deux, à Wurtemberg.

3 kr. rose s. blanc.....	1f50	» »
3 » » s. bleu......	1f50	» »
3 » » s. jaune	1f50	» »

Paris. — Typ. Rouge frères, Dunon et Fresne, r. du Four-St-Germain, 43.